Atgof a Cherddi Eraill
E. Prosser Rhys

Roedd Edward Prosser Rhys (1901-1945) yn fardd, newyddiadurwr a chyhoeddwr llyfrau wnaeth gyfraniad sylweddol i fywyd Cymraeg yn ystod ei fywyd cymharol fyr fel sefydlydd Gwasg Aberystwyth a'r Clwb Llyfrau Cymraeg.

Fel bardd, hwyrach y bydd yn parhau'n fwyaf adnabyddus am ei bryddest, *Atgof*, a enillodd iddo Goron Eisteddfod Genedlaethol 1924; cerdd a greodd gryn ddadlau oherwydd ei bod yn trafod cyfathrach rywiol yn agored, gan gynnwys cyfeiriad di-gamsyniol at gyfathrach rywiol rhwng dau ddyn. Fodd bynnag, dim ond un agwedd oedd hon ar feiddgarwch barddoniaeth y ffigwr pwysig hwn.

Cyhoeddwyd gan
Llyfrau Melin Bapur,
Llanofer, 2024

Llun y clawr:
Alfred Worthington (1834-1927)
Gadael Harbwr Aberystwyth gan hwylio yn erbyn y Gwynt
Statws Llun: Parth Cyhoeddus

Hawlfraint y testun diwygiedig yn y fersiwn hwn:
©Melin Bapur, 2024

Cedwir pob hawl.

ISBN:
978-1-917237-32-1

E. Prosser Rhys

Atgof A Cherddi Eraill

Gyda Rhagair gan
Gareth Evans-Jones

Llyfrgell Gymraeg Melin Bapur
Golygydd Cyffredinol: Adam Pearce

Cynnwys

Rhagair gan Gareth Evans-Jones 9
Wedi'r Gawod 51
Y Gôf *(I'm Mam a'm Tad)* 52
Un ar Hugain 56
Y Ddau Angerdd 57
I Hen Gariad 59
Blino Caru* 60
Y Ddeilen Grin 61
Gwrando'r Gwcw* 62
Hiraeth Mam 63
Afon Rheidol* 64
Y Tloty 65
Y Pechadur 75
Mab ei Fam *(I M. T. W.)* 76
Duw Mudan 77
Strancio 78
Atgof 79
Ymffrost 93
Disgwyl 94
I Gofio Isander 95
Y Dewin 96
Yr Adwaith 98
Y Ddeuoliaeth 99
Ar Brynhawn o Haf, 1942 100

Cymru 101
Ar Bromenâd (Ebrill 1942) 103
Yn Angladd 'Nhad 105
Troi'r Gornel 106
Cwyn Coll 107
Y Newid 108
Hydref, 1943 110

Nodyn: Dim ond un gyfrol o farddoniaeth a gyhoeddodd E. Prosser Rhys yn ystod ei fywyd, sef *Gwaed Ifanc* yn 1923, a honno ar y cyd â'i gyfaill, J. T. Jones. Yn 1950, wedi marwolaeth y bardd, cyhoeddwyd *Cerddi Prosser Rhys*, detholiad o gerddi Prosser, llawer ohonynt a oedd eisoes wedi ymddangos yn *Gwaed Ifanc* ond eraill na chynhwysyd yn y gyfrol honno.

Mae'r gyfrol hon yn cynnwys holl gerddi'r bardd o'r ddwy gyfrol. Nodir y tair cerdd a gynhwyswyd yn *Gwaed Ifanc* nad ymddangosodd yn *Cerddi Prosser Rhys* uchod gyda *.

Rhagair
gan Gareth Evans-Jones

"Cofion mwya' 'rioed".
"Yn gywir iawn".
"Cofion cynnes atoch".
"Cofion calon friw".
"Cofion cynnes ryfeddol atat".

Mae'r ffordd y gorffennir llythyr yn gallu cyfleu cryn dipyn am berthynas y sawl sy'n ei lunio a'r sawl sy'n ei dderbyn. A dyma bum enghraifft o 'gofion' gwahanol gan Edward Prosser Rhys (1901-1945) ar derfyn ei lythyrau niferus: mewn llythyr at un a barchai'n arw; llythyr golygydd at awdur; llythyr tyner at ffrind; ynghyd â llythyr llawn dyhead a chyffro at gyfaill, a llythyr cariad-hyd-braich at yr un cyfaill hwnnw ychydig yn ddiweddarach. Yn yr ymadroddion hyn, gwelwn sawl haen i fywyd a gwaith Prosser yn eu hamlygu eu hunain: yn olygydd ac yn ddyn busnes craff, yn llenor, yn genedlaetholwr, yn heddychwr, yn gwmni deallus a difyr, yn ffrind triw, ac yn gyfaill mynwesol. Ac er y gallwn nodi agweddau penodol fel hyn, fel yn achos unrhyw ffigwr hanesyddol, mae myrdd o straeon, syniadau, credoau a theimladau sy'n perthyn i Prosser na wyddom amdanynt, ac na chawn wybod ychwaith, mae'n debyg. Ond nid achos rhwystredigaeth yw hynny; yn wir, fe all fod yn destun chwilfrydedd, os nad cyfaredd.

Mae amwysedd i bob un ohonom. Ni all y naill adnabod y llall yn llawn, fel y dywed sawl athronydd a llenor. Gan hynny, mae unrhyw fywgraffiad o unigolyn yn fylchog o raid, ac mae i hynny bwysigrwydd eithriadol, oherwydd fe all arwain at wahanol ffyrdd o ddarllen hanes rhywun, o'i ystyried, a'i ddeall. Yr hyn sy'n bwysig yw cofio, bob tro, mai dehongliad yw'r hyn a gawn. Mae rhai ffeithiau diymwad yn gallu bod, fel blwyddyn geni a marw unigolyn, eu mannau trigo, a'u swyddi, er enghraifft. Ond ni ellid, a theg fyddai dweud, na ddylid, gwneud unrhyw ddatganiadau ar sail deongliadau o unrhyw amwysedd a'u cyflwyno fel efengyl.

Yn hyn o beth, afraid dweud i gryn drafod ddigwydd ynghylch rhywioldeb Prosser, am ei berthynas â Morris T. Williams, a Kate Roberts, ac am ei briodas â Mary Prudence Hughes. Mae amryw ddatganiadau wedi eu cyflwyno. Efallai'n wir eu bod nhw'n gywir. Efallai ddim. Ond oherwydd yr amwysedd sy'n annatod glwm wrth dreigl hanes, mae'n rhaid cymryd gofal; a cheisir gwneud hynny yn y rhagair hwn wrth drafod bywgraffiad Prosser ac wrth ddehongli ambell gerdd ganddo, yn enwedig yr un a esgorodd ar gryn ymateb union ganrif yn ôl i flwyddyn sgrifennu'r geiriau hyn – 'Atgof': pryddest fuddugol Eisteddfod Genedlaethol Frenhinol Pont-y-pŵl 1924.

A hithau'n ganmlwyddiant coroni Prosser am ei 'Atgof', y gwaith y gŵyr y mwyafrif amdano o blith corpws llenyddol Prosser, braf oedd clywed bod gwasg Llyfrau Melin Bapur am ailgyhoeddi'r gyfrol, *Cerddi Prosser Rhys*, a olygwyd gan J. M. Edwards ym 1950, dan olygyddiaeth newydd ac mewn diwyg amgen. A braint eithriadol oedd derbyn gwahoddiad i lunio'r rhagair hwn. Mae bywyd a gwaith Prosser wedi bod o ddiddordeb mawr imi ers blynyddoedd, fel i sawl un arall. O ddadleuon eisteddfodol i'w ddaliadau heddychlon, a'r berthynas gymhleth, gywrain rhyngddo a Morris T. Williams, Kate Roberts, a Mary Prudence

Hughes, mae Prosser wedi apelio ataf mewn amryw ffyrdd. Hoffwn ddiolch, felly, i Adam Pearce a gwasg Llyfrau Melin Bapur, am gyhoeddi'r fersiwn yma o *Cerddi Prosser Rhys* dan y teitl, *Atgof a cherddi eraill*.

Dyma, felly, gyfle i fwrw golwg ar fywyd a gwaith Prosser gan werthfawrogi ei gyfraniad a'i fentergarwch mewn sawl ffordd, gan hefyd ystyried perthnasedd ei ganu inni heddiw yn 2024, ac yfory.

Y Dedalus o Drefenter

Ganed Edward Prosser Rhys ar 4 Mawrth 1901, yn un o saith o blant David ac Elizabeth Rees, Pentremynydd yn Nhrefenter, Ceredigion. Ers yn ddim o beth, dioddefai Prosser ag iechyd gwael ac am hynny, methai fynd i'r ysgol yn gyson. Ond yn y cyfnod hwnnw, canfu ei gariad at lenyddiaeth, ac yn ei flwyddyn olaf yn yr ysgol gynradd, Ysgol Cofadail, Ysgol y Cyngor, Moriah, fe'i hysgogwyd gan ei athro, M. D. Morgan, i ddechrau sgrifennu a chystadlu; a chyda hynny, ddechrau cyhoeddi mewn nifer o gyhoeddiadau gan gynnwys *Cymru'r Plant*.[1]

Wedi sefyll arholiad am ysgoloriaeth, enillodd Prosser le yn y 'Cownti Sgŵl', sef Ysgol Ardwyn, yr ysgol sirol yn Aberystwyth, ym 1914. Roedd ei gyfnod yn yr Ysgol Sir yn gyfnewidiol, gydag edmygedd o'r prifathro a pharch mawr at rai o'r athrawon yn gymysg â rhwystredigaeth oherwydd Seisnigrwydd llywodraethol y system addysg. Effeithiwyd Prosser yn fawr gan hyn, i'r fath raddau nes y gweithiai'n eiddgar i annog addysg Gymraeg a Chymreig hwyrach ymlaen yn ei oes; gwelir hyn gyda'r Clwb Llyfrau a hyrwyddid gan Wasg Aberystwyth er mwyn cyflenwi 'llyfrau deniadol

---

[1] Rhisiart Hincks, *E. Prosser Rhys 1901-45* (Llandysul: Gomer, 1980), t. 13.

ar bob cylch o fywyd' y Cymry.² Roedd addysg, yn ddiau, yn rhan annatod o'r nod hwnnw.

Fodd bynnag, gyrrwyd Prosser o'r ysgol ym 1915 oherwydd salwch a gwendid corfforol difrifol, ac yn sgil hynny, fe'i hanfonwyd i Nant-y-Moel am gyfnod, gyda'r gobaith y byddai newid lleoliad yn llesol iddo.³ Ac yntau'n gweithio fel clerc yng nglofa'r 'Ocean', dysgodd Prosser gan feddyg y lofa, Dr Thomas, mai 'darfodedigaeth yr esgyrn' oedd ei salwch.⁴ Cododd hyn gryn ofn ar Prosser, fel y disgwylid, oherwydd y gred ar y pryd oedd nad oedd gwellhad i'r cyflwr, ac y byddai yntau, fel y bardd, Telynog, y bu'n ei drafod yn un o'i golofnau, 'Led-Led Cymru' yn ddiweddarach, yn siŵr o farw'n ifanc.⁵ Yn dilyn cyfnod o driniaeth ddwys, a welodd orfod torri un o'i fysedd o'i law, daeth gwella o fath iddo, a dychwelodd Prosser i Geredigion.

Yn gyfochrog â'r cyfnod heriol i'w iechyd, datblygodd Prosser ei sgiliau sgrifennu, a chreu cysylltiadau a chyfeillion a fyddai'n para oes. Un o'i ddylanwadau cynnar a'i athro llenyddol oedd 'Bardd y Mynydd Mawr', sef Isgarn. Ac ymhlith ei gyfeillion llengar cynnar, roedd B. T. Hopkins a J. M. Edwards, sef golygydd cyfrol barddoniaeth Prosser a gyhoeddwyd wedi ei farw, a'r bardd y cafodd Prosser y fraint o lunio'r rhagymadrodd i'w gyfrol yntau, *Cerddi'r Bore* (1925).

Nid yw'n syndod, felly, ac yntau mor hoff o drin geiriau, i'r wasg a'r diwylliant print ei hudo. Aeth Prosser i weithio ar y *Welsh Gazette* yn Aberystwyth a datblygu cylch cyfeillion llengar cyffrous yno. Dyna'r pryd y mabwysiadodd y ffugenw, 'Euroswydd', sef yr enw y byddai'n ei ddefnyddio wrth lunio nifer o'i

---

² Ibid., t. 177.
³ Ibid., t. 35.
⁴ Ibid., t. 37.
⁵ Ibid., t. 38

golofnau llenyddol. Diddorol oedd gweld iddo gymryd arno enw ffigwr o chwedloniaeth Gymraeg sy'n ddigon annelwig, sef tad Nisen ac Efnisen yn Ail Gainc y Mabinogi (mae'r rhesymau posib ynghylch pam y dewisodd Prosser yr enw hwn yn haeddu trafodaeth estynedig yn ei hawl ei hun). Wedi iddo droi'n ddeunaw oed, llwyddodd Prosser i gael swydd gyda'r *Herald* yng Nghaernarfon, lle cafodd y cyfle i ddatblygu ei allu fel gohebydd, cysodydd a golygydd, yr union sgiliau a fyddai'n fanteisiol iddo pan sefydlai ei wasg cyhoeddi ei hun. Yng Nghaernarfon a thrwy'r *Herald* hefyd y cyfarfu Prosser â Morris T. Williams, a buan y penderfynodd y ddau gyd-letya yn 15, Heol Eleanor, Twtil. Trafodir mwy am y berthynas honno isod.

Gyda threigl y blynyddoedd, dyrchafwyd Prosser a symudodd i weithio ar *Y Faner* fel Ail Is-Olygydd ym mis Ionawr 1922. Aeth ei yrfa o nerth i nerth wrth iddo ddatblygu ei wybodaeth a'i ddealltwriaeth am y byd cyhoeddi ac argraffu, a chydag amser, daeth yn olygydd *Y Faner*, a *Baner ac Amserau Cymru* yn ei dro, ac yn berchennog Gwasg Aberystwyth. Roedd sefydlu'r wasg honno yn gwireddu breuddwyd oes i Prosser, a llwyddodd i gyhoeddi nifer o gyfrolau amrywiol, gan gynnwys llyfrau ffeithiol, nofelau a dramâu. Ac yn dilyn cyhoeddi adroddiad *Y Gymraeg mewn Addysg a Bywyd* ym 1927, fe'i hysbrydolwyd i ateb yr alwad ym mharagraff 360 yr adroddiad, am 'gyflenwad o werslyfrau y gellid trefnu i ddysgu pob pwnc ym mhob rhyw ysgol yng Nghymru Gymreig trwy gyfrwng y Gymraeg', drwy gyfrwng Gwasg Aberystwyth.[6] Roedd yn gyfnod o fentro a beiddgarwch aruthrol, a llwyddiant yn wir, ond roedd hefyd yn adeg ag iddi sawl sialens, o heriau gwerthiant i gostau argraffu, i ddelio ag ambell awdur anodd.

---

[6] William Napier Bruce, *Y Gymraeg mewn Addysg a Bywyd* (Llundain: H. M. Stationery Office, 1927), t. 278.

Enghreifftir hyn wrth sylwi ar y fath ddycnwch y bu'n rhaid i Prosser ei ddangos aml dro. O feddwl am yr ymateb a gafodd yntau a J. T. Jones i'w cyfrol o gerddi ar y cyd, *Gwaed Ifanc* (1923), heb sôn am y trafod a'r collfarnu a fu ar 'Atgof' (a drafodir ymhellach isod), nid yw'n syndod iddo ddangos cadernid a gallu i ddal ei dir wrth ei waith o ddydd i ddydd. Roedd bod yn rheolwr ar wasg yn swydd gyffrous a phosibiliadau rif y gwlith yn eu cynnig eu hunain – roedd Prosser yn amlwg wrth ei fodd yn gweithio ag awduron i drafod eu gwaith, eu syniadau, a diwyg eu testunau cyhoeddedig. Mae hanes perthynas gwaith Prosser a Louise Myfanwy Davies o Dreffynnon, a drafodwyd mewn erthygl ddiddorol yn *Taliesin* (Haf 2006),[7] yn enghreifftio hyn. Ond ambell dro, byddai angen ymateb yn gadarn yn wyneb awduron heriol. Ym 1940, er enghraifft, roedd Gwasg Aberystwyth wedi cytuno i gyhoeddi gwaith gan Ambrose Bebb, ar yr amod ei fod yn cadw o fewn y terfyn tudalennau. Gosodwyd pris gan nodi efallai y byddai cynnydd ynddo pe bai costau papur yn newid. Dyna'n wir ddigwyddodd, ac roedd Ambrose Bebb yn chwyrn ei ddweud.

Yn ei lythyr ymateb cyntaf i gwynion Bebb, a ddyddiwyd 8 Tachwedd 1940, dywed Prosser nad oedd Bebb wedi cadw at y telerau a osodwyd: roedd y gyfrol yn rhy hir, ac roedd cost y papur wedi codi, felly byddai'n anodd cyhoeddi'r llyfr gan gadw o fewn pris o hanner coron. Mae'r llythyr yn fesuredig ac yn deg; o'r herwydd, mae ergyd y frawddeg ganlynol yn fwy trawiadol fyth: 'Cawsoch bob chwarae teg yn y mater, a phrotestiaf yn erbyn ensyniadau eich llythyr – llythyr na dderbyniais ei fath oddi wrth awdur erioed.'[8]

---

[7] Nan Griffiths, 'Prosser Rhys a'r Hen Ferch', *Taliesin* (Haf 2006), rhif 12, tt. 85-101.
[8] Papurau Ambrose Bebb yn Llyfrgell Genedlaethol Cymru PG1/6/2.

Ond nid dweud ei ddweud a dyna ni a wna Prosser yn ei lythyr – mae'n cynnig cyhoeddi'r llyfr pe bai Bebb yn talu am y costau ychwanegol. Gyda hyn, cytuna Bebb ac ymddiheuriad i'w ganlyn, ond ymateb Prosser, yn llythyr 22 Tachwedd 1940, sydd mor gynnil o grafog â'i lythyr blaenorol, yw: 'Popeth yn iawn – nid wyf i'n dal dim dig. Y mae rhyw un mlynedd ar hugain o weithio ymhlith y Cymry wedi rhoddi imi groen pur dew.'[9] Dyna ddangos gwytnwch a phroffesiynoldeb yn gymysg, a dogn go lew o hiwmor, ac ar derfyn y llythyr, gofelir am gofion 'cynnes iawn' gan Prosser.

A defnyddio rhaniad Rhisiart Hincks, gellir gweld gwaith barddol Prosser Rhys yn perthyn i ddau gyfnod. Yn y cyfnod cynnar, ysgrifennai gerddi ar gyfer eisteddfodau, papurau newydd a chylchgronau, a dyma'r pryd y cyhoeddodd gyfrol ar y cyd â J. T. Jones, sef *Gwaed Ifanc*, ym 1923. Dyma'r pryd hefyd yr enillodd y Goron yn yr Eisteddfod Genedlaethol am ei bryddest ddadleuol, 'Atgof'. Yr hyn a geir yn *Gwaed Ifanc* yw canu croyw, heriol ac arbrofol i ryw raddau. Herio yw'r hyn a welir hefyd yn 'Atgof', ond trafodir mwy ar y bryddest honno isod. Nid ymddengys i Prosser lunio fawr o farddoniaeth rhwng 1924 a 1939, ond wedi hynny, daeth ei ail gyfnod ac, fel y sylwa Hincks, ysgogiad newydd i'w ganu, sef hunllef yr Ail Ryfel Byd.[10] Daeth gwleidyddiaeth a heddychiaeth yn faterion o bwys hyd yn oed yn fwy ganddo wrth i'w oes ddirwyn at ei therfyn, ac er iddo wanychu ymhellach yn gorfforol, parhau i weithredu â meddwl miniog a wnaeth Prosser.

Ynghyd â datblygu gyrfa ac enw, a gwasg lewyrchus, bu datblygiadau pellach yn ei fywyd personol. Ar 11 Ionawr 1928, priododd Prosser â Mary Prudence Hughes yng Nghapel Salem, Aberystwyth, ac erbyn

---

[9] Ibid.
[10] Hincks, *E. Prosser Rhys 1901-45*, t. 154.

1930, ganwyd i'r ddau ferch o'r enw Eiddwen.

Ond bymtheg mlynedd yn ddiweddarach, a'i iechyd wedi torri, bu farw Prosser ar 6 Chwefror 1945, a chafwyd gwasanaeth byr yn ei gartref, 33 North Parade, Aberystwyth. Yn y rhifyn teyrnged i Prosser o *Baner ac Amserau Cymru* (14 Chwefror 1945), ceir amlinelliad o'r prif alarwyr yn yr angladd hwnnw, ac mae trefn yr enwau yn ddadlennol:

> Mrs. M. P. Rhys (priod), ac Eiddwen (merch); Mr Morris T. Williams (cyfaill); Mr a Mrs. John Rees, Nant-y-moel (brawd); Mr. Tom Rees, Cwm-ogwr (brawd); Mr. William Rees, y Bryn Hir, Lanio Road, Tregaron (brawd); Mrs. Philips, Llundain (chwaer); Miss Mary Rees, Llundain (chwaer); Mr. a Mrs. Parry, Aberystwyth (tad a mam-yng-nghyfraith); Mr Gwyn Rees, y Bryn Hir (nai)[.][11]

Hanner ffordd drwy'r gofrestr hir o enwau, y mae 'Mrs. Morris T. Williams (Cyfarwyddwr Gwasg Gee)', sef Kate Roberts. Cyn hyd yn oed ei frodyr, gosodwyd enw Morris, a'i nodi fel 'cyfaill' i Prosser.

Gwaed Ifanc

Ym 1923, cyhoeddodd Prosser a J. T. Jones gyfrol o farddoniaeth ar y cyd, ac fel mae'r teitl yn awgrymu, dyma gasgliad o ganu glas, yn llawn angerdd ieuenctid. Ar glawr siaced lwch *Gwaed Ifanc*, ceir dyfyniadau canmoliaethus yn cyfleu natur y canu yn y gyfrol i'r dim, megis:

---

[11] 'Angladd y Golygydd', *Baner ac Amserau Cymru* (14 Chwefror 1945), t. 5.

'Ni chyhoeddwyd ei thebyg er 1900.' – *Un o'n prif feirniaid.*

'Cyfrol o farddoniaeth a ddylai gael derbyniad calonnog, yn enwedig gan y bobl ieuainc.' – *Y Dinesydd.*[12]

Dyna oedd cryfder y gyfrol, a'i gwendid, ym marn amryw adeg ei chyhoeddi. Safbwynt rhai oedd bod y safon yn anwastad, am fod canu'r naill fardd (Prosser) yn wannach na'r llall (Jones). Un o'r rhai cyntaf i leisio hyn oedd Saunders Lewis mewn adolygiad yn *Y Faner* ar 8 Tachwedd 1923.

Y farn yn gyffredinol oedd bod safon cerddi J. T. Jones yn rhagori o ran techneg ac arddull, a chynnwys o dro i dro, ond bod rhai Prosser yn llawn egni a gweledigaeth benodol. Mae yma gerddi gan Prosser am natur, rhai ar destunau Beiblaidd, eraill yn ymateb i ryfel a gwrthdaro, ond y gloywaf yw'r cerddi hynny sy'n ymdrin ag ieuenctid a gonestrwydd, a'r gwrthdaro mewnol sy'n annatod wrth brifio, o fod yn blentyn i fod yn arddegyn, i fod yn ddyn.

'Yng ngherddi *Gwaed Ifanc* yr oedd Prosser Rhys yn ymdrechu i dorri'n rhydd o gonfensiynau'r oes ac i estyn ffiniau barddoniaeth Gymraeg', meddai Rhisiart Hincks, ac mae hynny'n gwbl ddealladwy o gofio pa mor hoff oedd Prosser o weithiau llenorion modernaidd, yn enwedig y rhai a sgrifennai yn Saesneg, megis James Joyce, Aldous Huxley, a D. H. Lawrence.[13] Yn y Gymraeg, roedd ganddo gryn edmygedd o T. H. Parry-Williams, a bu'n lleisiol iawn yn amddiffyn safon awdl Parry-Williams, 'Eryri', yn wyneb beirniaid a

---

[12] J. T. Jones ac E. Prosser Rhys, *Gwaed Ifanc: Cyfrol o Ganu* (Wrecsam: Hughes a'i Fab, Argraffwyr a Chyhoeddwyr, 1923).
[13] Hincks, *E. Prosser Rhys 1901-45*, t. 77.

ddywedodd 'nad oedd "Eryri" gan y bardd ond hoel i hongian arni awdl ar liw'.[14]

Yn wir, un o'r llythyrau difyrraf rhwng Prosser a Parry-Williams yw'r un y gellid ei ddisgrifio bron fel '*fan mail*', â'r Prosser ugain oed yn mentro cysylltu â'r bardd ar 31 Rhagfyr 1920, dan anogaeth Mr Dewi Morgan, Aberystwyth. Roedd Prosser wedi cyflwyno darlith am farddoniaeth Parry-Williams gerbron Cymdeithas Lenyddol Engedi (M. C.), Caernarfon, yn ddiweddar, un o'r nifer weithiau iddo draethu am y bardd. Fodd bynnag, nid llythyr yn llawn canmoliaeth mo hwn; ceir hefyd gwestiynu Parry-Williams ynghylch eglurder ac esboniad am rai agweddau amwys ar ei ganu, a dyna gyfleu'r fath berthynas feirniadol-ddeallusol, barchus, a fodolai rhwng y ddau:

> Yr wyf wedi efrydu mwy ar eich barddoniaeth chwi nag eiddo unrhyw fardd arall yn y Gymraeg ar [*sic*.] Saesneg, a gwn yn helaeth ohonoch ar dafod leferydd. Y mae f'edmygedd o'ch gwaith yn fawr iawn. Dechreuais astudio eich cerddi pan yn llencyn pymtheg oed (nid wyf ond brin bumlwydd gyda hynny [...], tae waeth), a byddaf yn troi i'ch barddoniaeth yn aml iawn. Da iawn gennyf fuasai meddu ar eich ysgolheictod, eithr eich meddwl mawr, beiddgar[.] Dyna paham y dewisais eich barddoniaeth chwi yn destun fy mhapur,– oherwydd ei chanu, a hynny yn hollol ohoni ei hun, heb i'r 'personal estimate', chwedl Matthew Arnold, ymyrru ddim.
>
> Er hynny, yr oeddwn yn teimlo yr

---

[14] Dyfynnir yn Hincks, *E. Prosser Rhys 1901-45*, t. 89, 'o gasgliad Mrs Prosser Rhys'.

hoffwn gael goleu ar un peth neu ddau yn eich gwaith.[15]

Diddorol yw nodi i Prosser ddod yn gyfaill i gefnder Parry-Williams yn ogystal, sef R. Williams Parry, ond cyn i'r ddau ddod ffrindiau da, lluniodd Williams Parry adolygiad diddorol am *Gwaed Ifanc*. Mae'r sylwadau canlynol ganddo'n cyfleu'n union angst, awydd a dyhead cyfrol Prosser a Jones i gynnig gwedd newydd, heriol, ar ganu yn 'llais ieuenctid':

> ymhlith ei newydd-bethau [mae] ambell genadwri anarferol, ambell nwyd anhysbys, ambell brofiad dieithr, yn gymysg â pheth ymfflamychu a churo tabyrddau.[16]

Ymhelaethir ar y 'newydd-bethau' hyn a'r profiadau ymfflamychol 'a churo tabyrddau' gyda sylwadau sy'n cyfleu moderniaeth canu Prosser a Jones:

> Gall y neb a rêd gasglu mai ieuainc yw awduron y caniadau, a'u bod wedi cael gweledigaeth cwrs y byd drwy lygaid newydd-agor, –ar ei harddwch a'i ogoniant, ar ei hagrwch a'i drueni. Fel rhai newydd ddeffro i gyfrifoldeb a difrifoldeb y frwydr, rhuthrant ryw fwlch neu'i gilydd, ac o adwy i adwy wynebant y gelyn gyda dicter llosg. Barnant neu gollfarnant bopeth sefydlog a sefydledig; boed Dduw, boed nefoedd, boed grefydd, boed gymdeithas, a ffoant,

---

[15] Papurau T. H. Parry Williams yn Llyfrgell Genedlaethol Cymru / CH473.
[16] 'Adolygiad R. Williams-Parry o "Gwaed ifanc"', *Cymru* (Chwefror 1924), t. 51.

fel plant a ddychryner, at eu mam Natur am gysgod ac am gysur. O dan y cynnwrf tonnog, gorwedd pruddglwyf tymhoraidd ieuenctid, gyda'i ymbleseru lleddf mewn hydref a dail crin. Ddoe, heddyw, ac yn dragywydd, pery ieuenctid yr un yn ei gâs a'i gariad, a naturiol yw disgwyl a chael fod serch,– at ferch ac at fab, at genedl ac at wlad, at haf ac at aeaf–yn aml yng nghalonnau ac ar wefusau'r awduron hyn. Câs pur digymysg hefyd at anghysondeb ac anwastadrwydd cym-deithas at wywdra a moelni gwareiddiad, ac at ormes y ddraig a elwir Arfer.[17]

Yn wir, roedd y gyfrol yn cyfrannu at daith llenyddiaeth Gymraeg tuag at foderniaeth, er mor anwastad ei safon ac amrywiol yr ymateb iddi.

Prosser a Kate

Fel yr awgrymwyd uchod, roedd cyfeillgarwch Prosser a Kate Roberts yn un hynod iawn. Yn sicr, gwelid edmygedd a chynhesrwydd, a chariad ffrind o du Prosser tuag at Kate gan amlaf, ond o dro i dro, mae agwedd arall i'w gweld ganddo: agwedd fel tant ar dorri.

Cyfarfu Prosser a Kate ar drên rhwng Cyffordd Dyfi a Machynlleth wrth i'r ddau deithio i Ysgol Haf y Blaid Genedlaethol ym mis Medi 1926. Nodir bod Prosser yn hynod swil ar y pryd, ond i hynny gydio yn Kate, a bod sgwrs Kate hefyd wedi cydio ym meddwl Prosser. Yn wir, o'r cofnodion a geir gan Kate a Prosser am y cyfarfod hwn, teimlir bod y naill a'r llall wedi canfod

---

[17] Ibid.

eneidiau o gyffelyb fryd. Blagurodd eu perthynas a, drwodd a thro, byddai Prosser yn agor ei lythyrau at Kate gyda chyfarchiad megis, 'F'annwyl Miss Kate Roberts' (yn enwedig yn ystod y 1920au a hanner cyntaf y 1930au), a hwnnw'n gyfarchiad cariadus sy'n awgrymu perthynas ffrindiau mynwesol.

Ymysg papurau Kate Roberts yn Llyfrgell Genedlaethol Cymru, gwelwn ei CV a'r geirdaon a gafodd gan Saunders Lewis ac, yn wir, Prosser, pan ymgeisiodd am swydd yn y byd addysg. Yn llythyr geirda Prosser, a luniwyd ar 15 Medi 1934, gwelir cryn ganmoliaeth i ddawn lenyddol Kate Roberts ynghyd â'i gallu i fod yn athro effeithiol, a hynny'n dyst i'r fath edmygedd a oedd gan Prosser tuag at Kate. Er enghraifft:

> In addition to being [the] author of some of the most brilliant works of fiction ever written in Welsh, she has frequently contributed to the Welsh press on literary, education and social questions. She is also a popular lecturer. Miss Kate Roberts is in every way exceptionally well-qualified to take up practically any post connected with education in Wales.[18]

Gwelir yr hoffter hynod yma yn gynharach hefyd mewn llythyr gan Prosser at neb llai na Saunders Lewis (26 Ionawr 1927), ac ynddo, ceir tinc broffwydol ynghylch mawredd llenyddol Kate:

> Gwelswn [*sic.*] Miss Kate Roberts yn y Gogledd yr wythnos cyn y cyfarfod yn

---

[18] Papurau Kate Roberts yn Llyfrgell Genedlaethol Cymru / 2807.

> Aber., a chaffael hwyl anfarwol. Yr oedd yr ysgol haf ym Machynlleth bron ar ben cyn imi ei hadnabod ddim, ond yr wyf erbyn hyn wedi ei hadnabod yn bur dda, a chael rhai ymgomiau cofiadwy a hi. Merch anghyffredin yw Miss Roberts, ac y mae ynddi beth anhygoel o adnoddau na wyr [*sic*.] y lliaws llenyddol yng Nghymru ddim amdanynt eto. Gyda llaw, a wyddoch chwi bod Morys Williams a hithau wedi cael rhyw beth tebig [*sic*.] iawn i spasm am ei gilydd?[19]

A dyna gyfeirio at yr un a ddeuai'n ŵr i Kate, sef Morris T. Williams, cyfaill mynwesol arall i Prosser, ond hwnnw'n gyfeillgarwch o natur wahanol.

Agwedd arall ar gyfeillgarwch Prosser a Kate sy'n ogleisiol yw'r modd y byddent yn datgan eu barn yn gadarn am eu cyfoeswyr llenyddol mewn ambell lythyr. Wrth ymateb i sylw gan Kate, dywed Prosser, mewn llythyr a luniwyd ar 15 Ebrill 1931, 'Nid oes amheuaeth yn y byd nad ydych yn llygad eich lle ynghylch gwaith Tegla. Y mae wedi ei orfoli allan o bob rheswm.'[20] Fel y dengys eu barn am E. Tegla Davies, mae llythyrau Prosser a Kate cyn ddifyrred â rhai Kate a Saunders, heb os!

Er y cwlwm cyfeillgarwch cryf a fodolai rhwng Prosser a Kate, gwelir tyndra eithriadol mewn un llythyr ati, a ddyddiwyd 21 Tachwedd 1928, pan oedd Prosser yn byw yng Ngwar yr Allt, Dinas Terrace, Aberystwyth. Mewn llythyr blaenorol ato, roedd Kate wedi mynegi ei phryderon ynghylch priodi, a dyma Prosser yn ymateb

---

[19] Gohebiaeth Edward Prosser Rhys yn Llyfrgell Genedlaethol Cymru / 3951-4312.
[20] Papurau Kate Roberts yn Llyfrgell Genedlaethol Cymru / 175.

mewn modd go drawiadol.

    Diddorol yw craffu yn gyntaf ar strwythur y llythyr. Dau baragraff yn unig a geir, ac yn hytrach na dechrau drwy drafod ofnau Kate am briodi a chynnig cyngor neu gysur iddi, dewis adlewyrchu ar anglad ei berthynas, Bertha, a wna Prosser. Ar y naill law, gellir deall mai dyna'n naturiol fyddai Prosser wedi'i wneud – sôn am y brofedigaeth ddiweddar i'w daro. Fodd bynnag, o ystyried cynnwys a naws yr ail baragraff, tybed a oedd yna fwriad arall gan Prosser wrth sôn am farwolaeth ac anglad cyn trafod priodas Kate a Morris?

> Gallaf ddeall eich teimlad ar fin priodi. Sicr wyf y bydd yn dda gennych weled y peth wedi pasio, a dechrau profi o dangnefedd setlo i lawr. Buasai'n dda gennyf eich gweled yn setlo i lawr yma, ond ymddengys nad oes le gwag i Forus yma ar hyn o bryd. Ond anodd iawn gwybod beth a ddigwydd yma rhwng popeth yn fuan. Hwyrach y byddwch yn byw yn Aberystwyth cyn y byddwch yn tybio. Nid wyf yn gobeithio y byddwch fyw'n hapus: ni all artist fyw bywyd hapus, yn ystyr gyffredin y gair, beth bynnag. Ond hyderaf y cewch fywyd dwfn, llawn. Peidiwch a disgwyl gormod oddiwrth y bywyd priodasol. Gellwch ddisgwyl llawer o ddiddanwch cnawd ac ysbryd,—llawer iawn. Ond na ddisgwyliwch ormod. Cewch ym Morus un o ragorolion y ddaear, ac un y credais i cyn belled yn ol a 1921 fod ynddo ddefnyddiau artist mawr. Yr wyf yn hollol sicr o hynny heddiw. Y mae'n un o ddiffuantrwydd a theyrn-garwch eithafol, ac o ragfarnau eithafol hefyd. Ond nid yw'n amddifad, fel y gwyddoch, o'r rhinweddau, bach, cartrefol,

mwyn sy'n rhai o bethau gwerthfawrocaf y bywyd priodasol. Adwaenom ein gilydd yn dda. Buom drwy dywydd mawr yn dymhorol ac ysbrydol gyda'n gilydd, a daethom ohono, mi obeithiaf, heb niweidio rhyw lawer o'n adenydd [*sic.*], neu ein traed. Da gennyf am eich gwroldeb a'ch penderfyniad: yr wyf yn sicr y cyfiawnheir y cwbl. *Prosser Rhys.*[21]

Nid oes 'cofion' o fath ar gyfyl y llythyr hwn. Nid oes modd ychwaith gyfleu yn union yr hyn a deimlai Prosser wrth sgrifennu, ond synhwyrir fod yma rwystredigaeth, cenfigen efallai, lled-atgasedd, cariad, hiraeth, ac, yn wir, galon yn gwynio: 'Nid wyf yn gobeithio y byddwch fyw'n hapus: ni all artist fyw bywyd hapus, yn ystyr gyffredin y gair, beth bynnag. Ond hyderaf y cewch fywyd dwfn, llawn.' Ar un wedd, mae'r ateb artistig a rydd Prosser yn gydnaws â natur y 'Llenor', yr hyn a gysylltai Kate ac yntau â'i gilydd. Ond efallai bod bwriad amgen i'r geiriau hyn.

Mae'r sylwadau dilynol yn drawiadol hefyd: naill ai fod Prosser am i Kate gadw ei thraed ar y ddaear a pheidio â dychmygu trawsnewidiad aruthrol o gael modrwy ar ei bys, neu'n wir ei fod yn cyfleu na fydd priodas Kate a Morris yr hyn y 'disgwylid' i 'briodas arferol' fod: 'Peidiwch a disgwyl gormod oddiwrth y bywyd priodasol. Gellwch ddisgwyl llawer o ddiddanwch cnawd ac ysbryd,—llawer iawn. Ond na ddisgwyliwch ormod.'[22] Fel y dywedais ar ddechrau'r rhagair, nid ein lle ni yw gosod label ar rywioldeb y bobl yma, ond gellid dehongli'r geiriau, o bosib, fel cyfeiriad at y clymau a fu rhwng Prosser a Morris, a bod Prosser, efallai, yn awgrymu na allai Morris gynnig mwy na rhyw-

---

[21] Papurau Kate Roberts yn Llyfrgell Genedlaethol Cymru / 125.
[22] Ibid.

llawn-serch i Kate; cwmni cymar, ond efallai nid cwmni cariad yn llawn.

O gofio'r oes yr oedden nhw'n byw ynddi, roedd bod yn unrhyw beth ond heterorywiol yn anghyfreithlon, ac yn gywilydd o'r mwyaf un. Dyna pam y ceid nifer o berthnasau cyfunrywiol cudd.[23] Ceid rhai ffrindiau'n priodi er mwyn ymddangos yn gonfensiynol, ond yna'n caniatáu lefel o berthynas agored, er mwyn bod yn rhydd yn y fath gaethiwed.[24] O gofio awgrym Alan Llwyd am rywioldeb Kate yn ei gofiant iddi, yn sgil cusan a gawsai gan wraig y cigydd ym Mhontardawe na 'roes fwy o bleser [iddi]',[25] gellid synio efallai bod y llythyr yma'n cyfleu nad oedd Kate yn heterorywiol ychwaith – ac am hynny, fod Prosser yn datgan wrthi na chaiff fywyd priodasol dedwydd. Ac yn hyn o beth, priodol yw cofio mai mewn llythyr at Prosser y soniodd Kate am y gusan honno. Fodd bynnag, awgrym yn unig yw hwn ac un heb gefnogaeth gadarn mewn difri: dehongliad yn ddiau, nid ffaith, ac felly, ni ellir nodi unrhyw gasgliad pendant.

Mae agwedd arall ar y llythyr sy'n cynnig dehongliad amgen eto, a hwnnw ynghylch Morris yn benodol. Roedd Morris yn dioddef o iselder a diffyg hunan-werth, ac yn ystod ei fywyd, daeth yn ddibynnol ar alcohol. Roedd wedi ceisio bod yn 'enw llenyddol' o bwys, ond heb lwyddo, tra bod ei gariad, a ddeuai'n wraig iddo, a'i gyfaill agos, ill dau wedi eu sefydlu fel 'enwau', ac yn dal

---

[23] Am fwy o wybodaeth ynghylch yr arfer yma, gweler, er enghraifft: Marcus Collins, *Modern Love[:] Personal Relationships in Twentieth-century Britain* (London: Atlantic Books, 2003).

[24] Am fwy o wybodaeth ynglŷn â'r gwahanol ffyrdd yr ymgodymai cyplau cyfunrywiol mewn priodasau ymddangosiadol heterorywiol, gweler, er enghraifft: Lesley A. Hall, *Sex, Gender and Social Change in Britain Since 1880* (London: Palgrave MacMillan, 2000).

[25] Alan Llwyd, *Kate[:] Cofiant Kate Roberts 1891-1985* (Talybont: Y Lolfa, 2011), t. 120.

i dyfu o ran eu statws. Drwy briodi Morris, byddai Kate yn priodi'r agweddau heriol hyn hefyd. Ond mae yma ryw ymgais gan Prosser i sicrhau na fyddai pethau'n gwbl anodd drwy'r amser – bod gan Morris amryw rinweddau – ond gorffenna'r llythyr drwy dynnu sylw at berthynas Prosser a Morris drachefn:

> Adwaenom ein gilydd yn dda. Buom drwy dywydd mawr yn dymhorol ac ysbrydol gyda'n gilydd, a daethom ohono, mi obeithiaf, heb niweidio rhyw lawer o'n adenydd [*sic*], neu ein traed. Da gennyf am eich gwroldeb a'ch penderfyniad: yr wyf yn sicr y cyfiawnheir y cwbl.[26]

Tybed a yw'r ddelwedd o Prosser a Morris wedi goresgyn drycin 'heb niweidio rhyw lawer o'[u h]adenydd', yn gyfeiriad at Icarws yn hedfan yn rhy agos at yr haul? Y cymeriad chwedlonol hwnnw a oedd yn fab i Daedalus ym mytholeg Roegaidd? O ba un y daeth yr enw 'Dedalus', sef *alter-ego* James Joyce ohoni, a'r ffugenw a ddefnyddiodd Prosser wrth gystadlu gydag 'Atgof' – y bryddest honno sy'n cynnwys y '[ll]anc gwalltfelyn, rhadlon', sef Morris, ym marn sawl un.[27]

Mae'r defnydd o 'wroldeb' hefyd yn llwythog ac yn llawn awgrym. Llongyfarch Kate y mae Prosser, ond am beth yn union? Am gymryd y cam gwrol i briodi, sy'n medru codi dychryn ar unrhyw un? Neu am gymryd arni'r heriau a ddeuai gyda Morris? Neu am gymryd arni briodas ymddangosiadol heterorywiol tra bod teimladau eraill yn berwi dan yr wyneb, naill ai ganddi hi neu Morris, neu'r ddau? Ni wyddom. Ond yr hyn y gellid ei

---

[26] Papurau Kate Roberts yn Llyfrgell Genedlaethol Cymru / 125.
[27] Tudalen 79 o'r gyfrol hon. Gweler ymhellach isod y drafodaeth ynghylch Morris, Prosser ac *Atgof*.

gasglu yw bod y llythyr byr hwn yn un llwythog a chadarn ei ergyd. A'r amwysedd, bwriadol, mae'n debyg, yn cyfleu amryw densiynau.

Ond mae'r ffaith mai gan Kate Roberts y mae'r deyrnged gyntaf i ymddangos yn y rhifyn arbennig o *Baner ac Amserau Cymru* ar ôl marw Prosser Rhys, yn dilyn y golofn olygyddol, yn adrodd cyfrolau. Wedi adlewyrchu ar y tro cyntaf iddi gwrdd ag ef, ar y trên hwnnw ar y ffordd i Ysgol Haf y Blaid Genedlaethol, a chrybwyll y tro olaf iddi'i weld cyn ei farw, dengys y cyferbyniad a fu yn union. A daw'r deyrnged i glo gyda geiriau llawn teimlad, llawn emosiwn gan Kate:

> Yn wir, mae colli Prosser Rhys yn golled annhraethadwy. Y syndod i mi yw sut y medrais ysgrifennu fel yna mewn gwaed oer amdano, a minnau ers bore dydd Mawrth diwethaf fel petawn mewn hunllef. Gwyn fyd na chawn ddeffro a chanfod mai hunllef yw.[28]

Morris ac Atgof

Mentergarwch, beiddgarwch, a herio confensiynau. Dyna a welir mewn sawl agwedd ar ganu Prosser ac ar ei waith ehangach. Felly hefyd, o bosib, yn ei fywyd personol. Rydw i eisoes wedi cyffwrdd â'r berthynas glòs a fu rhwng Prosser a Morris T. Williams, a phriodol yw manylu ar y berthynas yma, gan hefyd ystyried y bryddest ddadleuol honno sy'n trafod rhyw yn echblyg, sy'n manylu ar wrthdaro rhwng nwydau'r hunan a safonau'r byd o gwmpas, ac sy'n cynnwys golygfa lle mae dau ddyn yn cael rhyw. Yr union bryddest y bu

---

[28] Kate Roberts, 'Edward Prosser Rhys', *Baner ac Amserau Cymru* (14 Chwefror 1945), t.2.

bron i Prosser beidio â'i chwblhau a'i chyflwyno i'r Eisteddfod, ond iddo wneud ar anogaeth Morris.

Fel y nodwyd uchod, cyfarfod yng Nghaernarfon a wnaeth Morris a Prosser a hynny yng nghyd-destun *Yr Herald*, ac nid oedd yn fawr o dro cyn i'r ddau glosio a symud i fyw gyda'i gilydd. Yn hyn o beth, mae'r llythyrau a anfonwyd rhwng Prosser a Morris sydd i'w gweld yn y Llyfrgell Genedlaethol yn gasgliad hynod i'w ddarllen, ond oherwydd cyfyngiadau hawlfraint, ni ellir dyfynnu'n helaeth ohonynt yma.

Llythyrau Prosser at Morris ydyn nhw, bron i gyd, ar wahân i un llythyr sy'n llawn angst gan Morris. Heb os, mae darllen y casgliad fel darllen saga emosiynol rhwng dau gyfaill, neu'n wir, ddau gariad, ac mae'r ystod o deimladau y mae'r llythyrau yn eu hysgogi'n rhyfeddol, o lawenydd i dor-calon, a chymaint yn y canol.

O ddarllen 'F'annwyl Forris' a 'F'annwyl gyfaill' a'r 'Cofion calon friw' a'r 'Cofion calon hiraethus',[29] mae'r gyfres o lythyrau'n eich amsugno i'r berthynas gymhleth yma. Yn wir, gwelir y galon hiraethus honno yn glir yn un o'r llythyrau cyntaf yng nghasgliad Kate Roberts yn y Llyfrgell Genedlaethol sy'n bwrw golwg ar y cyfnod y bu Prosser yn aros gyda Morris. Wrth ei ddarllen, synhwyrir bod yn y llythyr ddyhead gwironeddol am i'r ddau fod gyda'i gilydd eto, o bosib, fel cariadon, fel y gallai Prosser 'hawlio' Morris 'fel yr hawl[iai] ferch'. Dywedir hyn yng nghyd-destun cyfeillgarwch sy'n '[d]anllyd' ac yn '[g]ywir', ac eto'n llawn 'euogrwydd'. O bosib, cariad a rhwystredigaeth wedi eu plethu, oherwydd natur cymdeithas a chonfensiynau'r oes.[30]

---

[29] Papurau Kate Roberts yn Llyfrgell Genedlaethol Cymru / 3299 / 3301 / 3299 / 3300.
[30] Papurau Kate Roberts yn Llyfrgell Genedlaethol Cymru / 3310.

Mewn llythyr cymharol fuan ar ôl yr uchod, gwelir Prosser yn ymateb i'r pryder gan Morris fod y pellter daearyddol yn faen tramgwydd i'w 'cyfeillgarwch', ac mae'r fath angerdd sydd yn y sgrifennu'n byrlymu â gobaith gwirioneddol. Gyda hynny, gwelir defnydd o ormodiaith, ond mae i hynny ei brydferthwch trasig ei hun.[31]

Cyflëir hynodrwydd eu perthynas hefyd mewn llythyrau ym 1922, sy'n taro golwg ar y cyfnod y bu'r ddau'n cyd-fyw yn Heol Eleanor, Twtil, Caernarfon, a Prosser, bellach, wedi symud i fyw i Aberystwyth. Roedd y cyfnod hwnnw, meddai Prosser, yn bennod 'ryfedd' yn eu hanes, yn bennod 'ddwys', 'ystormus', '[ll]awen' ac un 'orawennus'.[32] Yn sicr, mae effaith negyddol y pellter, a'r cyfnod ôl-Twtil, yn eu hamlygu eu hunain yn y llythyrau dilynol, ac ymddengys mai o du Morris y mae'r pryderu mwyaf, oherwydd bod Prosser yn ymateb gyda llythyrau anogol; mae'r geiriau'n llawn gobaith ac mae yna naws ramantus i'r sgrifennu. O ddisgrifio'r cariad y mae gan Prosser tuag at Morris, sydd â gwallt yn 'felynach na gwallt Olwen' a llygaid sy'n 'lasach na thonnau môr', meddai Prosser wrth ddyfynnu englyn Hedd Wyn, 'bardd gobaith Cymru', gwelwn galon eu perthynas yn curo yn y geiriau.[33]

Fodd bynnag, mae Prosser yn gorfod ymateb yn lled-lym i awgrymiadau Morris am y posibilrwydd y gallai'r ddau fyw yn yr un parthau a bod gyda'i gilydd eto, tra'n briod â gwragedd. Synhwyrir elfen o hunan-dwyll ar ran Morris tra bo Prosser yma'n realistig am eu bydoedd. Y pwyslais yw eu bod wedi llwyddo i garu ei gilydd a chyd-fyw eisoes, a'u bod, bellach, angen symud ymlaen

---

[31] Papurau Kate Roberts yn Llyfrgell Genedlaethol Cymru / 3330.
[32] Papurau Kate Roberts yn Llyfrgell Genedlaethol Cymru / 3340.
[33] Papurau Kate Roberts yn Llyfrgell Genedlaethol Cymru / 3341. Pwyslais yn y gwreiddiol.

gyda'u bywydau (efallai yn yr ystyr o briodi merched), ond na fyddai hynny'n golygu diwedd ar eu cyfeillgarwch (un fwy platonaidd, mae'n debyg). Dyna a welir yn eglur ddigon yn llythyr Prosser, a luniwyd ar 14 Mawrth 1922.[34] Ond ceir adlewyrchu hiraethus drachefn am y cyfnod dedwydd hwnnw yn 'Eden gynnar'. I Prosser, roedd 15, Heol Eleanor, yn baradwys, fel Gardd Eden gynt, ond fel yr ardd Feiblaidd honno, roedd yn Eden Caernarfon bechod. Tybed a oes yma gyfeiriad at eu rhywioldeb fel yr elfen 'bechadurus' honno neu'r agwedd 'waharddedig' ar y berthynas rhwng Prosser a Morris? Yr hyn a ymgorfforwyd yn 15, Heol Eleanor?

Nid yw'n syndod gweld i 'Atgof' fod yn destun trafod llythyrau Prosser a Morris ychwaith. Roedd Morris wedi annog Prosser i gwblhau'r bryddest a chystadlu gyda hi, felly diddorol yw gweld y sgwrsio wedi'r coroni ac ym merw'r feirniadaeth.

Yn Eisteddfod Genedlaethol Frenhinol Pont-y-pŵl 1924, rhoddwyd dewis o dri thestun i feirdd y Goron ymateb i un ohonynt drwy lunio cerdd estynedig heb fod dros 800 o linellau. Y testun a ddewisodd Prosser oedd 'Atgof', a'r hyn a luniwyd oedd cerdd yn archwilio'n feiddgar, fentrus ar y pryd yn y Gymraeg, ddeffroad rhywiol dyn ifanc, a'r ffyrdd y mae'n ymgodymu gyda hynny a'r holl deimladau cyferbyniol, o gywilydd i gariad, o serch i hunan-sarhad. Roedd y gerdd yn torri cwys newydd yn y Gymraeg, yn fodernaidd ei naws ac yn feiddgar ei chynnwys, ac nid yw hynny'n syndod o gofio mai 'Dedalus' oedd ffugenw Prosser yn y gystadleuaeth. Y Dedalus hwnnw'n gyfeiriad at *alter-ego* James Joyce yn *Portrait of the Artist as a Young Man*, sef Stephen Dedalus.

---

[34] Papurau Kate Roberts yn Llyfrgell Genedlaethol Cymru / 3350. Pwyslais yn y gwreiddiol.

W. J. Gruffydd, Crwys a Gwili oedd y beirniaid, ac er y chwithdod mawr ynghylch sawl agwedd ar 'Atgof', dyfarnwyd pryddest Dedalus yn deilwng o'r Goron. Yn wir, geiriau W. J. Gruffydd yn ei feirniadaeth yw:

> nid fy lle i fel beirniad yw penderfynu a ydyw'r gân hon yn addas i'r rhoddi yn llaw plant a hen ferched, nac ychwaith a ydyw'n unol â'r un *Gyffes Ffydd*, a dderbynnir yn gyffredin gan y Cymro[.][35]

Ond tra bo Gruffydd yn weddol agored ei feddwl yn cydnabod efallai bod y profiadau a geir yn y gerdd yn adlewyrchu profiadau rhai Cymry, mynnodd Gwili (a oedd yn weinidog yr efengyl, fel Crwys): mai '[c]ân am bechodau na ŵyr y Cymro cyffredin (mi obeithiaf) ddim amdanynt [yw "Atgof"]'.[36]

Bu coroni a bu dadlau, yn enwedig ar dudalennau'r wasg gyfnodol yn y misoedd dilynol. Yn *Seren Cymru* gwta fis ar ôl yr Eisteddfod (5 Medi 1924), nodwyd bod 'pawb bron yn ddieithriad drwy'r wlad yn cydsynio a'r feirniadaeth lemaf, ond yn cwyno yn enbyd fod anrhydedd mor uchel wedi ei rhoddi i bryddest mor goch.'[37] Gormodiaith yw'r hyn a geir gan y gohebydd, oherwydd gwyddom i rai o lenorion y cyfnod ochri gyda Prosser ac achub ei gam, megis Cynan a Caradog Prichard. Ond mae peth gwirionedd i'r datganiad fod cryn drafod a dadlau wedi bod ynghylch 'Atgof'.

Un o'r agweddau a esgorodd ar y mwyaf o

---

[35] W. J. Gruffydd, *Cofnodion a Chyfansoddiadau Eisteddfod Genedlaethol 1924 (Pontypŵl)[:] Barddoniaeth a Beirniadaethau* (Cymdeithas yr Eisteddfod Genedlaethol, 1924), t. 32.
[36] Gwili, *Cofnodion a Chyfansoddiadau Eisteddfod Genedlaethol 1924*, t. 49.
[37] 'Glannau Teifi', *Seren Cymru* (5 Medi 1924), t. 6.

ymatebion yw'r penillion lle darlunnir perthynas rywiol rhwng traethydd gwrywaidd y gerdd a dyn arall. Enghraifft o sylwadau cïaidd o'r fath yw eiddo'r Parch. W. A. Lewis yn *Y Brython* ar 4 Medi 1924:

> ni allaf gredu fod dysgeidiaeth y gerdd hon yn wir, –h.y., yn bortread cywir o brofiad dyn. Nid rhyw sydd oruchaf, ac nid yw dyn yn gymaint caethwas iddi ag y myn y bardd hwn i ni gredu. Diau fod eithriadau. Sef y bodau hynny a eilw'r Sais yn *freaks of nature*, ac os ydyw Prosser Rhys yn un o'r *freaks* hynny, y mae'n wrthrych tosturi.[38]

Mae'n debyg mai ensyniad ynghylch rhywioldeb Prosser oedd hyn. Roedd llunio cerdd yn cynnwys perthynas rywiol rhwng dau ddyn yn beth annaturiol i Lewis. Yn wir, roedd yn dangos bod Prosser yn '*freak of nature*' iddo. Ac fel gweinidog yr efengyl yn yr oes, mynnai mai 'gwrthrych tosturi' oedd anffodusyn fel Prosser.

Y math o linellau yn y bryddest y cyfeiriai Lewis a'i debyg atynt oedd:

Hunasom . . . Rywdro hanner-deffro'n dau;
   A'n cael ein hunain yn cofleidio'n dynn;
A Rhyw yn ein gorthrymu; a'i fwynhau;
   A phallu'n sydyn fel ar lan y llyn . . .[39]

Achubodd Caradog Prichard gam Prosser yn *Y Brython* ar 11 Medi 1924 drwy herio sylwadau'r gweinidog a fynnai nad oedd pryddest Prosser yn bortread 'cywir' o brofiad dyn. Dadl Caradog Prichard

---

[38] W. A. Lews, *Y Brython* (4 Medi 1924).
[39] Rhys, 'Atgof' yn Edwards (gol.), *Cerddi Prosser Rhys*, t. 34.

oedd mai ffôl fyddai credu hynny, a bod yr hyn a geir yn y gerdd *yn* adlewyrchu profiadau nifer.

Fodd bynnag, roedd geiriau Sam Ellis yn *Y Drych* (18 Medi 1924), wythnos yn ddiweddarach, hyd yn oed yn fwy llawdrwm na rhai Lewis, ac yn hynod bersonol eu hymosodiad ar Prosser:

> Os mai 'o helaethrwydd y galon y llefara yr [*sic.*] geiriau,' naturiol ydyw casglu fod yr awdur yn berchen dychymyg trofaus (pervert) a blysiau annaturiol. Mae yn anhygoel y buasai unrhyw un yn cyfansoddi y fath gan [*sic.*] ar y testyn 'Adgof,' onibai ei fod yn hollol amddifad o synwyr [*sic.*] moesol a gweddusrwydd. Mae yn gymaint o adlewyrchiad ar ei gartref, ag ydyw o ddrych ei feddyliau ei hun. Mae y gerdd yn gweddu yn well i Sodom a Gomorah nag i Gymru, a phe mae [*sic.*] dyn o gymeriad Oscar Wilde fuasai yn beirniadu ni ryfeddid i'r fath bydredd gael y goron.[40]

Dyna daro'r hoelen homoffobaidd, neu gwiyrffobaidd, ar ei phen: drwy gyfeirio at Oscar Wilde, llenor hoyw, deuryiol neu banrywiol a gafodd ei garcharu am '*gross indecency*' a '*sodomy*' ym 1895, ac at y dinasoedd pechadurus hynny yn y Beibl, Sodom a Gomora, lle digwyddai gweithgareddau 'annaturiol' a phechadurus, roedd Ellis yn datgan fod y sôn am y 'fath bydredd' â rhyw, a rhyw rhwng dau ddyn yn enwedig, yn ffiaidd ac yn afiach. Roedd yr agwedd hon yn un gyffredin iawn yn yr oes, er bod peth cydnabod bodolaeth pobl nad oeddent yn heterorywiol.

---

[40] Sam Ellis, *Y Drych* (18 Medi 1924).

Ceir awgrymiadau pellach ynghylch hyn mewn cyfnodolion eraill hefyd. Er enghraifft, yn *Y Dinesydd Cymreig* (13 Awst 1924), yn fuan iawn wedi'r coroni, ceir sylwadau cadarn am Cynan (a enillodd y Gadair) a Prosser, gan ymholi ynghylch natur eu gallu fel beirdd o bwys. 'Mae Cynan a Prosser yn feirdd', meddai'r golygydd, 'Ond y mae'n gwestiwn gennym a fydd i un ohonynt aros yn feirdd y genedl ar bwys.' Ac wrth ganolbwyntio ar y bryddest, mae'r sylwadau uniongyrchol am Prosser yn bryfoclyd: 'Credwn y bydd i Fardd graenus y Goron eleni ofidio llawer ar ol hyn am iddo faeddu ei Awen wrth ennill y safle yn yr Eisteddfod Genedlaethol.'[41] Mae'r ansoddair, 'graenus', yn awgrymu peth cydnabod gallu Prosser ac mae nodi, 'Nid "Atgof" sy'n mynd i gadw ein Prosser i ddyfodol ein gwlad', yn awgrymu rhyw berchnogaeth, rhyw falchder, hyd yn oed, yn y bardd ifanc. Balchder cyn belled ag nad yw'n canu am destunau 'annymunol'.

Roedd beirniadaeth hefyd ynghylch pa mor ifanc oedd Prosser yn cipio'r Goron a'i fod, o bosib, yn rhy ifanc, ac felly, heb aeddfedu'n ddigonol. Dyna sylwadau awdur a arddelai'r ffugenw, 'Gwerinwr', yn ei erthygl, 'Coron Pontypwl [*sic*]. Ennill ynte colli a wnaed?', a gyhoeddwyd yn *Y Dinesydd Cymreig* (27 Awst 1924):

> Camgymeriad o'r mwyaf ydyw i'r Bardd feddwl ei fod yn artist am ei fod yn medru darlunio profiad yr adyn cnawdol yn ei hacrwch. Nid profiad dyn cyffredin sydd ganddo, diolch am hynny, ond gweithred bachgen ar goll i'w oreu,—bachgen heb ffrwyn ar ei nwydau na'i feddwl. Pe byddai y Bardd wedi meithrin a datblygu y rhan

---

[41] *Y Dinesydd Cymreig* (13 Awst 1924), t. 4.

oreu o'i bersonoliaeth buasai cynllunio y bryddest fel y mae yn amhosibl iddo, er o bosibl iddo fod yn feddiannol ar y wybodaeth sydd yn y Bryddest. Ond y mae'n gwestiwn gennyf a oes gan y Bardd hawl eto a bod yn ddyn o feddwl disgybledig ac aruchel[.][42]

Buan y try'r drafodaeth at ryw a chyferbynnu'r fath ddarlunio a geir yn y bryddest â Christnogaeth sanctaidd a phur. Er i 'Gwerinwr' fynnu nad agwedd biwritanaidd mo'r hyn a gyflwynwyd ganddynt, gellid tybio mai dyna'n wir ydyw, ond ar ffurf geidwadol iawn.

Ond esgorodd sylwadau 'Gwerinwr' ar lythyr ymateb maith gan J. R. Jones yn rhifyn 10 Medi 1924 *Y Dinesydd Cymreig*. Ac yn gwbl ddi-flewyn-ar-dafod, mae J. R. Jones yn tynnu dadleuon 'Gwerinwr' yn ddarnau. Yn wir, mae'r erthygl yn hynod ddiddorol ac yn werth ei darllen yn ei chyfanrwydd, ond fe dâl inni gynnwys dyfyniad o sylwadau terfynol Jones:

> Y gwahaniaeth rhwng Mr Rhys a 'Gwerinwr' yw fod y naill yn credu mewn 'evolution,' prin y mae y llall. Nid fel y dywed 'Gwerinwr,' 'dyn allan o'i le yn mynd yn anifail sydd yn y bryddest,' ond bachgen naturiol fel anifail heb wybod yn well ac yn dysgu, dyna ystori Mr Rhys. [...] Y mae y desgrifiad [*sic.*] yn wir, yn naturiol, yn iach, ac yn ddilol.[43]

Dylid nodi nad oedd y fath wrthdaro a ffraeo

---

[42] 'Gwerinwr', 'Coron Pontypwl. Ennill ynte colli a wnaed?', *Y Dinesydd Cymreig* (27 Awst 1924), t. 7.

[43] J. R. Jones, *Y Dinesydd Cymreig* (10 Medi 1924), t. 7.

ynghylch y bryddest yn syndod i Prosser o gofio'r llythyr a anfonodd at y bardd-bregethwr, Anthropos, ar 25 Ebrill 1924. Er mai cyfrwng rhyddiaith a ffurf y nofel oedd yn apelio'n bennaf ato ar y pryd, cyfaddefodd Prosser ei fod yn gweithio ar bryddest ar gyfer Coron 1924, un a fyddai'n aflonyddu'r dyfroedd:

> Ofnaf nad oes gennyf i ddim gallu beirniadol. Ar y nofel y mae fy mryd yn awr er ys tro, er fy mod yn cystadlu am y Goron Genedlaethol eleni, ac wrthi'n ddyfal ar fy mhryddest ar 'Atgof' y diwrnodau – yn wir yr wythnosau – hyn.
>
> Cerdd 'annymunol' a fydd hon eto. Hyfryd gennyf a fuasai gallu canu'n fwynach, ond pe gwnaethwn hynny, ni byddwn yn onest â mi fy hun. Petawn yn llai synhwyrus byddai fy nghywair yn wahanol.
>
> Nid wyf yn gallu rhoddi cymaint o amser i lenydda ag a garaswn, oherwydd bod gofal y 'Faner' ers yn agos i flwyddyn bellach yn gyfan-gwbl ar f'ysgwyddau. Ond rhaid yw addef fod yr awdurdodau'n wŷr clên.
>
> Pleser i mi yw darllen eich amryfal ysgrifau, – ni wn i am ddim a rydd effaith cyffelyb iddynt heblaw am ysgrifau [...] Yr ydych yn ddi ragfarn, ac yn meddu ar y reddf brin o adnabod yr *eneidiau dethol*, ble bynnag[,] bryd bynnag, a sut bynnag y deuent i'r amlwg.[44]

---

[44] Papurau Anthropos yn Llyfrgell Genedlaethol Cymru / 101. Pwyslais yn y gwreiddiol.

Mae'r defnydd o'r ansoddair, 'annymunol', yn adrodd cyfrolau, a'r ffaith ei bod wedi'i gynnwys mewn dyfynodau. Roedd Prosser eisoes wedi derbyn peth beirniadaeth am ei ganu amrwd a herfeiddiol achlysurol ar y pryd, ond dyma'r bardd yn dangos ei fod yn ymwybodol o farn pobl a'i fod yn gallu agor ei hun yn gyfforddus i Anthropos, ac yntau 'yn ddi ragfarn, ac yn meddu ar y reddf brin o adnabod yr *eneidiau dynol*'. Dyna hefyd ymadrodd llwythog, sydd eto, o bosib, yn adlewyrchu'r bydolygon a'r hinsawdd syniadaethol a fodolai ar y pryd rhwng ceidwadaeth confensiwn a rhyddfrydiaeth moderniaeth.

Mae'n rhaid cofio bod rhyw rhwng dau ddyn yn gwbl anghyfreithlon ym Mhrydain ym 1924, ac i'r sefyllfa aros felly tan 1967, pan basiwyd Deddf Troseddau Rhywiol a ganiatâi berthnasau rhywiol rhwng dynion dros 21 oed a oedd yn cydsynio. Roedd Prosser, felly, yn hynod feiddgar yn canu am destun a allai fod wedi arwain at bob math o oblygiadau difrifol.

Mae ymateb Prosser i'r anghydfod hefyd yn ddiddorol. Ar 23 Medi 1924, sylwa Prosser mewn llythyr at Morris ar y feirniadaeth a glywai, fel yr un o du W. A. Lewis, a hynny mewn perthynas â Heol Eleanor. Diddorol hefyd iddo gydnabod y 'dyfalu' a'r 'sibrwd' a fu yng Nghaernarfon, gyda phobl yn casglu mai Morris oedd y 'llanc gwalltfelyn rhadlon' yn 'Atgof', ac fel y byddent yn datgan mor 'halog' oedd bywydau Prosser a Morris yn Heol Eleanor. Gresyna Prosser yma at y fath feirnaidaeth oherwydd, yn ei dyb ef, nid yw 'cyffyrddiad o "homosexuality"' yn beth dieithr rhwng llanciau.[45] Mae'r ymadrodd 'cyffyrddiad o "homosexuality"' yn hynod ddiddorol yma ac, o bosib, yn awgrymu mai dyna oedd barn Prosser am ei berthynas â Morris erbyn 1924:

---

[45] Papurau Kate Roberts yn Llyfrgell Genedlaethol Cymru / 3448.

'gogwydd' cyfunrywiol, nid cyfunrywioldeb llwyr.

Ond yn dilyn sgandal 'Atgof', ymbellhau fu hanes Prosser a Morris, gyda llai o lythyru. Yn lle'r angerdd a'r asbri yn y geiriau, mae parch sifil yn yr epistolau. Mae perthynas gwaith yn parhau, a rhydd Prosser adborth cytbwys ar waith Morris, ond daw tyndra gwirioneddol i'r fei eto wedi i Morris fynegi ei dristwch nad aeth Prosser i angladd mam Morris.

Felly hefyd, erbyn i Morris ddechrau canlyn Kate, gwelwn Prosser yn ei annog, os nad yn ei wthio'n gynnil, i ymroi'n llwyr i'r berthynas newydd, fel yr enghreifftir yn llythyr 26 Ionawr 1927.[46]

Gyda hynny, mae'r naill a'r llall yn priodi, ac ar ôl llythyr 29 Mai 1930 gan Prosser, sy'n sôn amdano a Mary yn dod yn rhieni, pan anwyd 'hogan bach lyfndew, lygatlas a bysedd hirion', o'r enw Eiddwen, mae naws y llythyrau'n newid, ac yn canolbwyntio fwyfwy ar waith. Yng nghanol hynny, ceir cyffyrddiadau dwysach, ond gwaith a gwleidyddiaeth, ac iechyd, yw'r hyn sy'n hawlio sylw.

Fel y nodwyd uchod, llythyrau Prosser at Morris yw'r rhelyw, ond mae un wedi goroesi ac i'w ganfod yng nghasgliad Kate Roberts yn y Llyfrgell Genedlaethol gan Morris – un trawiadol iawn sy'n cyfleu'r ofn dybryd a deimlai am ei gyflwr iechyd, a'i galon, ond sydd hefyd yn darllen fel llythyr diweddu bywyd. O feddwl am ba mor simsan fu iechyd meddwl a chorfforol Morris yn ystod ei oes, mae darllen y llythyr fel un diweddu oes yn ysgwyd y darllenydd, ac yn peri i rywun ystyried ai terfynu popeth oedd bwriad Morris mewn difri, pan luniodd y geiriau yn Nhonypandy, Cwm Rhondda, ar 24 Awst 1927, ag angst yn lliwio pob llinell.

Egyr y llythyr gyda Morris yn ceisio datgan ei gariad

---

[46] Papurau Kate Roberts yn Llyfrgell Genedlaethol Cymru / 3459.

tuag at Prosser, a hynny ag ing gwirioneddol.[47] Mae'r paragraff dilynol yn troi sylw at Kate ac yn mynegi ei werthfawrogiad gwirioneddol o'i chariad a'i hymddiriedaeth. Yr hyn sy'n drawiadol yw'r gwahaniaeth yn nhôn y paragraff hwn am Kate i gymharu â'r un blaenorol am Prosser.[48] Ymddiriedaeth a pharch rhwng Kate a Morris a deimlir. Cariad tuag at Prosser. Ac ni all y geiriau a ddefnyddiaf fan hyn wir gyfleu cynnwys y llythyr mewn difri: mae'n rhaid eu darllen a'u profi er mwyn deall yn llawnach y cwlwm, os nad y clymau, tyn a fodolai rhwng Prosser a Morris.

Cenedlaetholdeb Prosser

Fel y dengys y drafodaeth uchod, roedd Prosser yn troi ymysg nifer a ddeuai'n brif lenorion llenyddiaeth ddiweddar y Gymraeg, gan gynnwys Kate Roberts, Saunders Lewis, Cynan a Caradog Prichard. Ynghyd â phrif lenorion, roedd yn dipyn o gyfaill i rai gwleidyddion, gan gynnwys cyn-Brif Weinidog Prydain, David Lloyd George. Yn ei lythyr at Saunders Lewis (21 Awst 1929), edrydd Prosser fel y bu yntau, Cynan a Caradog Prichard 'yn aros gyda Lloyd George ym Mryn Awelon, Cricieth', ac iddynt gael 'amser difyr iawn, a chroeso mawr Cymreig, a siarad am farddoniaeth hyd syrffed.' Wrth fanylu ar Lloyd George ei hun, mae peth direidi yn y geiriau, o ran cymeriad Lloyd George a daliadau gwleidyddol Prosser: 'Y mae'r dyn bychan yn hoff o farddoniaeth. [...] Er mwynhau'r dyddiau yng Nghricieth, nid wyf eto'n ddim llai cenedlaetholwr, ac ni allaf wneyd [*sic*.] rheswm yny [*sic*.] byd dros dorri cyswllt a'r Blaid Genedlaethol!!' A diddorol yw nodi i Prosser sgrifennu ar waelod y llythyr orchymyn i

---

[47] Papurau Kate Roberts yn Llyfrgell Genedlaethol Cymru / 4213.
[48] Papurau Kate Roberts yn Llyfrgell Genedlaethol Cymru / 4213.

Saunders Lewis, bron fel petai'n epistol gan ysbïwr: 'Er mwyn Duw, llosgwch y llythyr hwn wedi ei ddarllen.'[49]

Mae cadernid cenedlaetholdeb Prosser i'w weld yn glir hefyd yn y polisïau a luniwyd ganddo ar y 14 Rhagfyr 1938 ar gyfer goruchwyliaeth newydd *Y Faner*. Maddeuwch imi am gynnwys y rhestr yn ei chyfanrwydd, ond mae'r union bwyntiau a'r geiriad yn briodas angerddol o ddatganiad, ac yn cyfleu'r tân sy'n gorwedd yn ei farddoniaeth wleidyddol, ac yn ei ganu heddychlon.

Dylai'r *Faner*, meddai, fod yn:

1. Canolbwyntio sylw ar Newyddion a phroblemau a buddiannau CYMRU. Rhaid barnu datblygiadau ymhob cylch o fywyd Cymru o safbwynt y genedl Gymreig, a dinoethi a beirniadu pob tuedd i beryglu iaith, diwylliant a chyfanrwydd tiriogaethol a gweinyddol Cymru. Y nod yw sicrhau Status Dominiwn i Gymru, fel y meddo Cymru le cydradd â'r Dominynau eraill yng nghyngor y Cenhedloedd Prydeinig. Croesewir pob cam, ni waeth pa mor fychan, yng nghyfeiriad y nod hwn, yn y cyfamser.

2. Credwn mewn ffurflywodraeth werinol yng Nghymru. Ni bydd gennym gydymdeimlad â ffurflywodraethau unebenaethol – i'r Dde na'r Chwith – nac ychwaith â democratiaeth imperialaidd sy'n fynych yn euog o gymaint gorthrwm â'r unbenaethau. Eto, credwn mai buddiol i Gymru a fydd i Loegr gadw hynny o ffurflywodraeth ddemocrataidd sy ganddi, a gwrthwynebu'r ymdrechion parhaus sydd ar waith ymhlith llywodraethwyr Lloegr i wneuthur y ffurflywodraeth honno yn fwyfwy totalitaraidd.

3. Am fod y 'Faner' yn cefnogi hawliau Cymru, credwn y dylai cenedl wâr feddu'r hawl i'w llywodraethu

---

[49] Papurau Saunders Lewis yn Llyfrgell Genedlaethol Cymru / 239.

ei hun, ac i fabwyso'r ffurflywodraeth a fynn – boed hi Ffasgaidd neu Gomiwnistaidd; a gwrthwynebwn yn bendant hawl honedig cenhedloedd eraill i ymyrru mewn unrhyw fodd mewn gwlad neu wledydd i 'roddi Ffasgiaeth i lawr' neu 'roddi Bolshefiaeth i lawr', fel y gwnaeth Prydain yn Rwsia a'r Eidal yn Spaen.[50]

4. Yr ydym yn bendant yn erbyn Imperialaeth – pennaf gelyn gwareiddiad heddiw. Yn naturiol imperialaeth Lloegr yw'n gelyn mawr ni, a bwriedir dinoethi ei gamweddau yn gyson. Ni allwn ar yr un pryd esgusodi imperialaeth Yr Almaen neu'r Eidal, ac nid oes dim amheuaeth bellach nad polisi imperialaidd yw polisi'r gwledydd hyn a Japan hefyd. Tra y byddwn bob amser yn barod, yn wir yn awyddus, i gyhoeddi'r gwir am hawliau teg y cenhedloedd mawr hyn, ni allwn gydymdeimlo ag unrhyw uchelgais imperialaidd o'r eiddynt, canys byddai hynny'n wadiad ar egwyddor cenedlaetholdeb.

5. Bwriadwn roddi sylw arbennig i fywyd a phroblemau gwledydd bychain Ewrob, sy'n rhydd neu'n gaeth. Dylai Cymru allu dysgu llawer oddi wrth Denmark, Lithuania, Latvia ac Iwerddon er enghraifft. Ac ni ddylem anghofio cyni Llydaw, Gwlad y Basgiaid a hawliau cenedlaethol yr Ukraniaid.

6. Cytunwn â datganiad arweinydd y Blaid Genedlaethol bod cwestiwn dyfodol trigolion Affrica yn un o'r pwys mwyaf, ac y dylai gwledydd Ewrob ar unwaith ffurfio comisiwn cydwladol i weinyddu'r rhannau lle y mae hynny'n angenrheidiol, er budd y trigolion, gan ddileu ecsploetiaeth a'r ffurf ar gaethwasiaeth sydd yno, gyda golwg ar alluogi'r trigolion yn y pen draw i'w llywodraethu eu hunain.

7. Credwn y dylid ail-sefydlu Cynghrair y

---

[50] Mae'r sylw yma wedi'i groesi yn y gwreiddiol.

Cenhedloedd eto, a chyda hynny mewn golwg y dylid galw cynhadledd gydwladol i drafod cwynion y gwahanol wledydd, a'u cyfarfod lle bo cyfiawnder yn y cwynion, yn gyfeillgar ac anrhydeddus. Gallai Lloegr sydd a chymaint o'r byd yn ei meddiant arwain yn y gynhadledd hon at greu cymdogaeth dda rhwng y gwledydd drwy fod yn hael ei hun. Ac yma, dylid pwysleisio ystyriaeth i hawliau cenhedloedd bychain yn gystal ag eiddo cynhedloedd mawr. Nid yr Almaen a'r Eidal yw'r unig wledydd sydd a chwyn [*sic.*] ganddynt yn erbyn y drefn gydwladol bresennol. Dyma'r unig ffordd i sicrhau heddwch parhaol a diarfogiad. Od yw rhyfel dinistriol[;] i'w osgoi rhaid gwneuthur y gynhadledd hon yn rhywbeth mwy na chyfle i siarad. Rhaid *gweithredu* mewn ysbryd newydd.[51]

8. Ni chredwn mewn rhyfel, oherwydd ei fod yn gyfrwng hollol aneffeithiol i setlo anghydfodau cydwladol. Cafodd rhyfel ei gyfle i wneuthur hyn, a methodd yn druenus. Ysbryd cymod, rheswm a thrafodaeth yn unig a ddichon setlo cwerylon yn derfynol. Oherwydd hyn, ni allwn gefnogi nac ail-arfogi na'r A.R.P. Yn y cyswllt olaf hwn, fe gynigiwn A.R.P. effeithiolach, sef dileu bomio o'r awyr.

9. Safwn dros Gristnogaeth a thros ryddid i holl geinciau'r Eglwys Gristnogol i addoli yn eu ffordd eu hunain.

10. Credem y dylid mabwyso mwy ar y system gydweithredol ymhlith awdurodau lleol Cymru. Hefyd y bydd gofyn i wladwriaeth newydd Cymru pan gaffer wrth dollau amddiffynnol. Wrth gwrs, bydd gofyn yn gynnil a chyfrwys ar y dechrau rhag digio cefnogwyr Masnach Rydd.[52]

---

[51] Pwylsias yn y gwreiddiol.
[52] Papurau Kate Roberts yn Llyfrgell Genedlaethol Cymru / 4319.

Yn ddiau, mae yma amryw agweddau sy'n haeddu trafodaeth bellach, o ran hunanlywodraeth, perthynas ag eraill, amrywiaeth grefyddol, eciwmeniaeth, a heddychiaeth, i enwi ond rhai, ond nid oes gofod yn y rhagair hwn, yn anffodus.

Heddychiaeth Prosser

Gwelir, i ryw raddau, orgyffwrdd rhwng cenedlaetholdeb Prosser a'i heddychiaeth, yn enwedig adeg yr Ail Ryfel Byd. Cyhoeddwyd y byddai angen i bob dyn rhwng ugain ac un ar hugain oed yng Nghymru ymrestru gyda'r gwasanaeth milwrol, a bod ar alw i ymuno â'r rhyfel pan fyddai'r 'wlad' yn gorchymyn. Roedd hyn yn dân ar groen Prosser a'i debyg, a gwelir hynny'n glir yn y rhifyn arbennig hwnnw o *Baner ac Amserau Cymry* a gyhoeddwyd ddydd Llun, 7 Awst 1939, pan oedd Prosser yn olygydd Y Golofn Farddol. A'r Ail Ryfel Byd yn prysur ddynesu, dyma un o newyddiaduron pwysicaf Cymru yn troi ei sylw at fater rhyfel a gwrthdaro, ac yn annog heddwch. Yn wir, yr is-deitl oedd 'BANER HEDDWCH'. Adlewyrchir hyn drwy gydol y rhifyn, ag erthyglau ysgogol a phryfoclyd, yn cynnwys 'Cenhadaeth Hedd yr Eisteddfod', D. J. Williams, 'Heddychwyr Cymru Fu', Elizabeth Louis-Jones, a 'Mudiad yr Heddychwyr a'i [*sic*] Pleidiau Politicaidd', H. J. Hughes.

Mae sylwadau Prosser yn ei golofn, 'Led-Led Cymru', hefyd yn ddiddorol ac yn datgan na ddylai Cymru na'r Cymry fod yn atebol i '[f]yddin [Ll]oegr', ac y dylai '[C]ymru fod yn niwtral' o ran y 'rhyfel a ddaw'. Heddychiaeth yn gadarn, a chenedlaetholdeb gwrth-Loegr ynghyd. Drachefn, y pwyslais yw'r gred nad yw'n dderbyniol ar unrhyw gyfrif orfodi '[p]lant Cymru' i fynd i ryfel nac ymuno â '[b]yddin Lloegr.'

Tanlinellir yr agwedd hon yn ei lythyr o wrthwynebiad i wasanaeth milwrol hefyd, sydd i'w ganfod yn y Llyfrgell Genedlaethol. Sonnir am y modd y mae Lloegr wedi bod yn genedl drefedigaethol ac wedi gorchfygu Cymru gan beri niwed nodedig i'r wlad a'i phobl. I Prosser, mae rhagrith i'r datganiadau swyddogol gan 'Loegr' sy'n mynnu yr angen i ymarfogi i 'ryddhau cenhedloedd bychain Ewrob drwy'r rhyfel hwn', tra'n cadw Cymru 'yn dynn yn ei chrafangau [gan ei] defnyddio i'w dibenion ei hun drwy roddi'r ystyriaeth leiaf i fuddianau'r genedl Gymreig'.[53] A'r fantais fwyaf sydd gan 'fyddin Lloegr', meddai, yw'r anwybodaeth gyffredinol yng Nghymru am hanes y Cymry, yn enwedig 'holl effeithiau adwythig gorchfygiad Cymru a'r Ddeddf Uno'.[54]

Mae'r llythyr yn dirwyn i ben gyda datganiad sy'n hynod drawiadol ac yn dwyn ynghyd sawl agwedd, gan gynnwys cenedlaetholdeb, heddychiaeth, moesoldeb, a chrefydd. Priodol yw dyfynnu'r paragraff clo yn ei grynswth yma er mwyn gwerthfawrogi ergyd y dweud:

> Mi fynnwn bwysleisio bod fy ngwrthwynebiad fel Cymro, i gymryd rhan y[n] y rhyfel hwn yn un moesol—nid shiboleth wleidyddol yw cenedlaetholdeb Cymreig—ond ffaith foesol, ysbrydol, hanfodol. Gwrthwynebiad yw'r eiddof fi i drais cenedl gref ar genedl wan, i feddiant anghyfiawn Lloegr ar Gymru drwy nerth materol, i'r ormes a'r twyll sy'n arwain cenedl yn ei byrbwylltra a'i hanwybodaeth am ei hetifeddiaeth neilltuol i gymryd rhan

---

[53] Dyfynnir yn Hincks, *E. Prosser Rhys*, t. 167.
[54] Ibid.

mewn rhyfel na byddai a wnelai hi ddim oll ag ef [oni bai] ei chlymu *drwy orfod* a Lloegr. Byddwn yn gwadu fy modolaeth fel Cymro, byddwn yn gwadu bodolaeth fy nghenedl, byddwn yn gwadu sylfeini fy mhersonoliaeth a'[m] bywyd ysbrydol,—pe bodlonwn i gael fy ngorfodi gan Loegr i ymladd gyda hi yn y rhyfel hwn [...] *Ni allaf fod yn fradwr i Gymru.*[55]

Gair i gloi

Er mor faith yw'r rhagair hwn, crafu'r wyneb yn unig rydw i wedi'i wneud, ac mae cymaint eto i'w ddweud am fywyd a gwaith Prosser, heb os. Mae wedi bod yn ffigwr dylanwadol mewn amryw ffyrdd, a theg fyddai cloi gyda thrafodaeth gryno o'r modd y mae wedi ysbrydoli nifer o weithiau celfyddydol diweddar.

Ym 1998, darlledwyd ffilm ar S4C, yn hwyr yn y nos, a esgorodd ar dipyn o drafod, sef *Atgof* gan Ceri Sherlock. Yn ei hanfod, ffilm fer yn canolbwyntio ar berthynas Prosser a Morris ydyw yng nghyd-destun y bryddest ddadleuol, a chan ddefnyddio llythyrau'r ddau fel y sgript. Yn rhifyn Ionawr 1999 *BARN*, ymddengys dwy erthygl o adolygiadau o'r ffilm, gan ddau sy'n gwrthgyferbynnu'n llachar. Ym marn Mihangel Morgan, 'ffilm led-bornograffig sy'n dangos dau ddyn yn "ymaflyd codwm" yn noethlymun mewn gwely', yw *Atgof*, un sy'n 'ddim ond "dylyfiad gên" o'i chymharu â'r sgandal a daniwyd gan bennill neu ddau lle crybwyllir tipyn o hanci-panci rhwng bechgyn ym mhryddest arobryn 1924.'[56] Aiff rhagddo i ddatgan mai ffilm 'tsiêp' ydoedd, o ran y gyllideb a roddwyd i'w chreu, ond hefyd

---

[55] Ibid. Pwyslais yn y gwreiddiol.
[56] Mihangel Morgan, 'Yr estheteg hoyw', *BARN* Ionawr 1999, t. 69

o ran ei chelfyddyd: 'ffilm gomon [...] ffilm ddogfen wedi'i "thartio i fyny".'⁵⁷ Dweud di-flewyn-ar-dafod yn ddiau.

Ond gwahanol iawn yw barn Dafydd Morgan Lewis: 'Roedd y cyfuniad o eiriau amwys y gerdd a'r llythyrau a'r golygfeydd hollol amlwg yn effeithiol [...] yn dangos sut mae hoywon yn cuddio realiti eu bywydau mewn geiriau amwys er mwyn amddiffyn eu hunain mewn byd gelyniaethus.'⁵⁸ Ac wrth ymateb i feirniadaeth Mihangel Morgan yn *Golwg*, datgan Dafydd Morgan Lewis ei sioc:

> Mae iddo [Mihangel Morgan] honni fod y ffilm yn 'seiliedig ar yr awgrymiadau lleiaf' a bod Prosser Rhys a Morris Williams 'fel bachyn i hongian y ffilm arni' yn gwbl anfaddeuol. Wedi'r cwbl fe wyddom i honiadau gael eu gwneud am fywyd rhywiol John Gwilym Jones a hynny ar seiliau tipyn simsanach!⁵⁹

Yn wir, roedd y ffilm yn taro tant â Lewis mewn sawl ffordd, yn enwedig o ran yr arfer o gyfathrebu amwys rhwng pobl gwiyr ('hoyw', yng ngeiriau Lewis) yng nghyfnodau Prosser a Morris; tuedd a oedd yn dal i fod ym 1999, ac sy'n parhau hyd heddiw.

Wrth droi at yr unfed ganrif ar hugain, gwelwyd bardd yn ennill Cadair Eisteddfod yr Urdd Sir Ddinbych 2022 am gerdd yn ymateb i anallu'r Gymraeg i gyfleu hunaniaethau rhywiol yn union, a luniwyd yn sgil darllen ac astudio 'Atgof'. Roedd Ciarán Eynon wedi astudio gwaith Prosser ynghyd â gweithiau eraill

---

[57] Ibid.
[58] Dafydd Morgan Lewis, 'Pryddest mawr [*sic.*] y dauddegau', *BARN* Ionawr 1999, t. 70
[59] Ibid., t. 71.

o'r ugeinfed ganrif y gellid gweld elfennau cwiyr ynddynt ar gyfer ei gwrs Meistr yn Ysgol y Gymraeg, Prifysgol Caerdydd. A gwelwyd y dylanwad hynny, a phryddest Prosser yn benodol, ar 'Diolch' – cerdd gywrain Ciarán Eynon sy'n cyfleu'r rhwystredigaeth a deimla amryw ynghylch anallu'r Gymraeg, ac yn wir, anallu iaith yn gyffredinol, i gyfleu hunaniaeth a rhywioldeb unigolyn yn llawn.

Braint, yn wir, oedd medru cynnwys detholiad o 'Diolch', ac o'r bryddest a'i hysbrydolodd, yn y flodeugerdd gyntaf o lenyddiaeth LHDTC+ Gymraeg a gyhoeddwyd gan Cyhoeddiadau Barddas yn 2023: *Curiadau*. Mae'r flodeugerdd yn cynnwys gwaith 42 o lenorion cwiyr amrywiol, o wahanol hunaniaethau rhywioldeb, o wahanol hyfedredd y Gymraeg, ac o wahanol gyfnodau. Y flodeugerdd gwiyr gyntaf yn y Gymraeg, a'r gyntaf o nifer, rydw i'n grediniol.

Yn fwy diweddar, adeg llunio'r rhagair hwn, mae Iestyn Tyne wrthi'n gweithio ar gyfrol ffeithiol greadigol am Prosser – cyfrol sy'n argoeli i fod yn un hynod arwyddocaol a chroyw ei chelfyddyd. Mae Iestyn Tyne wedi bod yn astudio bywyd a gwaith Prosser ers blynyddoedd, felly mae'n wych gweld cyfrol ganddo ar y gweill. Ac yn ystod yr haf eleni, yn Eisteddfod Genedlaethol Rhondda Cynon Taf, gwelwyd bardd ifanc, beiddgar arall, a chanddo rywbeth o bwys i'w ddweud, yn derbyn y Goron am ddilyniant o gerddi ar y testun, 'Atgof'. Mae Gwynfor Dafydd yn un o'n beirdd cyfoes, a beirdd cwiyr Cymraeg, mwyaf treiddgar ei ganu, a gwych, yn wir, oedd ei weld yn cael ei goroni adeg canmlwyddiant 'Atgof' Prosser.

Mae dylanwad y Dedalus o Drefenter a'i 'Atgof', a'i gyfraniad ehangach i lenyddiaeth, diwylliant, gwleidyddiaeth a newyddiaduraeth, i'w weld yn ddiau. Mae yna agweddau eraill hefyd ar ei fywyd a'i yrfa sy'n haeddu astudiaeth bellach, a gobeithio'n wir y digwydd hynny'n fuan. Ond am rŵan, dyma ddathlu bod *Cerddi Prosser Rhys* bellach wedi'i hailgyhoeddi gyda'r cerddi ychwanegol o *Gwaed Ifanc*, a gobeithio'n wir y bydd cenedlaethau'r dyfodol yn parhau i ymateb yn greadigol i waith Edward Prosser Rhys.

Gareth Evans-Jones
Traeth Bychan, Hydref 2024

Mae **Gareth Evans-Jones** yn ddarlithydd Athroniaeth a Chrefydd ym Mhrifysgol Bangor ac yn llenor sy'n gweithio mewn amryw gyfryngau. Mae ei ddiddordebau yn cynnwys crefydd a chymdeithas, moeseg, Seioniaeth fodern, a chynrychiolaeth mewn llenyddiaeth. Yn 2023, golygodd *Curiadau*, y flodeugerdd gyntaf o lenyddiaeth LHDTC+ yn yr iaith Gymraeg, a gyhoeddwyd gan Cyhoeddiadau Barddas.

E. Prosser Rhys

Atgof a Cherddi Eraill

Wedi'r Gawod

Glas ydyw'r wybren eto,
    A disglair yw'r heulwen fry,
Aeth heibio'r gawod, O dyred fy mun,
    Rhag dadwrdd y bobloedd hy,
I'r meysydd hudolus draw,
    A chasglu pwysïau cain,
A chlywed trydar "mân adar Mai"
    Ar gangau'r helyg a'r drain.

Dyred, Fyfanwy dirion,
    O dyred, bydd wyn ein byd,
Cawn felys oedi'n y glesni a'r hedd,
    A'n geiriau'n garu i gyd,
A gwrando'r aberoedd pell,
    A'r suon tynera' erioed;
Dyred, fe basiodd y gawod drom,
    A gwyrddach na chynt yw'r coed.

Dyred, mae persawr blodau
    Ar frig pob awelig wan,
A'r dolydd, hwythau, yng ngheina'u tw'
    Tan glyswaith o berlau cân.
Dychwelwn yng nghwmni'r nos
    A chwlwm ein serch yn fwy tynn,
A dyfnlliw gwridog y gorwel draw
    Yn addo yfory gwyn.

Y Gôf
(I'm Mam a'm Tad)

I.

Lle clywir nadau'r dymestl gyda'r nos
   Ar Fanc y Grip, a'r gaeaf yn y tir,—
Lle clywir murmur araf Wyre dlos
   Ar 'nawn o haf islaw'n y dyffryn hir,—
Yno, mewn bwthyn eithaf llwyd ei raen
   (Rhag mwg yr efail oedd i'w ochr efô),
Y ganwyd 'nhad, ryw dro'n yr oes o'r blaen,
   Yn un o dŷaid plant hen wledig o'.

Bu brin ei ysgol, roedd ei fyd mor dlawd,
   Cyn gorfod mynd i'r efail at ei dad;
Ac ymrymusodd o wynebu ei ffawd,
   Ac o bedoli trwm geffylau'r wlad.
Ni cha'dd ei arbed rhag caledwaith ddim,
   Yn sŵn y fegin fawr a'r eingion ddur;
A'r geiniog leiaf (chwerw y meddwl im),
   Ni ddôi heb ddisgwyl maith a geiriau sur.

Carodd ddirodres fywyd gwŷr y pridd,
   A'u difyr ystorïau am a fu;
A. charodd gywair llon a chywair prudd
   Alawon ac emynau'i henwlad gu.
Canai'n y côr na chollodd, ond ar gam;
   Bu lawen yn nigrifwch bore'i oes;
A gallai golli deigryn, fel ei fam,
   Pan folai'r hen bregethwyr Waed y Groes.

Rhyw Galangaeaf rhewllyd, daeth i'r fro
    Lances o forwyn dros y Mynydd Bach,
A'i llygaid glas yn hudol iawn eu tro,
    A hoen cyforiog yn ei chwerthin iach;
Ac ef, o'i chanfod, wybu boen i'w ais—
    Poen nas lliniarwyd oni cha'dd ei llaw;
Un bore fe'u priodwyd, ond 'roedd llais
    Clychau y llan yn boddi yn y glaw!

II.

Dechreuodd mam a 'nhad eu byd, ill dau,
    Mewn bwthyn cyfyng oedd fwy clyd na hardd,
Tan lethr eithinog, rhwng prysglwyni cau,
    Ar gyrrau isaf mamfro Ieuan Fardd.
Roedd tinc yr eingion yno o'r gwawriad gwan
    Hyd gefn y nos yn atsain dros y wlad,
Cans oni ddygai'r ffermwyr o bob man
    Geffyl neu offer fyth i efail 'nhad?

Clybuwyd lleisiau'i blant cyn hir yn dod
    O'r cartref syml, a hwiangerddi mam;
Ac o bai'r cwpwrdd lwm, gofalai fod
    Heb ddim ei hun cyn i'w rai bach gael cam.
Fel 'nhaid o'i flaen, fe gerddodd yntau, do,
    Drwy laid buarthau'r ffermwyr fwy na mwy,
Cans yr oedd talu am lafur blwyddyn go'
    Fel rhoi elusen yn eu golwg hwy.

Ym Mynydd Bach, mewn gefail arall un,
　　Am hir flynyddoedd wedyn gweithiodd 'nhad...
Ac ar ei phentan rwy'n fy nghofio f'hun
　　Yn bedair oed ar lin hen gobliwr gwlad.
Gwelais yng ngwyn a choch a glas y tân
　　Ddewiniaeth ryfedd, nas adnabu'r byd,
Ond teimlais, a hi'n hwyr, pan losgai'n lân
　　Fod cariad 'nhad yn well na'r swyn i gyd.

Dangosai'i ochr pan fyddai'n lecsiwn frwd,
　　Ac ni bu neb onestach ar ben ffair;
Wrth Orsedd Gras yr oedd yn fwyn ei fŵd,
　　A medrai lawer pennod yn y Gair.
Tlodi ac adfyd mynych, fel rhyw drais,
　　Ga'dd mam ac yntau o'r Anhysbys Law,
Ond ni rwgnachent—*cofient fyth am lais
　　Clychau y llan yn boddi yn y glaw!*

III.

Ond erbyn hyn mae 'nhad yn mynd yn hen,
　　Ac aeth o efail Mynydd Bach ers tro,
A thrig ymhell yng nghanol brwyn di-wên
　　Ar gorstir llwyd Moreia—ddiffaith fro.
Mae'r gofaint heddiw'n llawer gwell eu byd,
　　A gwaith ni chydfydd â gwaseidd-dra mwy;
Ond cred fy nhad yn wyneb hyn i gyd
　　Fod tlodi eto yn eu haros hwy.

Mae'i blant oll mwyach wedi tyfu'n fawr,
    Er heb anghofio beth a wybu'u tad;
A mynych y bydd 'mam ac yntau'n awr
    Yn sôn amdanynt gyda dwfn fwynhad;
Hwy gofiant am a ddwedent wrth y tân
    Yn niniweidrwydd ffraeth eu hifanc oed,
Ac am eu lleisiau'n uno mewn rhyw gân
    A gwyntoedd mawr y gaeaf yn y coed.

Weithiau, fe ddaw fy nhad am dro, fin hwyr,
    Pan godo'r lleuad glaf dros Fanc Tŷ Nant,—
At efail Mynydd Bach, ac yno'n llwyr
    Anghofia'i hun rhag rhyw feddyliau gant.
Gwag ydyw'r efail mwyach, ac nid oes
    Ond ffrwd gerllaw yn unig iawn ei llef,
Eithr yn yr hedd daw cwbl y dyddiau ffoes
    Ar adain atgo'n ôl i'w fyfyr ef.

Cofia mai gefail newydd heddiw sy'n
    Caethiwo'r gwreichion lle bu ef a'i dad;
Gŵyr gwympo ers tro o'i efail gynta'i hun,
    A bod awelon rhagddi'n hir eu nâd;
Gŵyr beth a'i herys yntau, ac ni chais
    Ond congl i'w lwch tu cefn i Fethel draw,
A chael anghofio'r fel y clybu lais
    Clychau y llan yn boddi yn y glaw!

(1921)

Un ar Hugain

Gwae bod ieuenctid yn fy nghalon fach,
    A'i hoen yn anesmwythyd yn fy ngwaed;
Gwae imi amau y credoau iach,
    A bwrw a barchai 'nhadau tan fy nhraed;
Gwae imi feddwl fy meddyliau f'hun,
    A gwag freuddwydio fy mreuddwydion oll;
Gwae imi wgu ar ragrith, ar bob llun,
    A ffôl ddyheu am ryw gywirdeb coll;
Ac na chawn ysbryd hen a bodlon iawn,
    A gallu caru Crist y Pulpud Pren,
A chredu bod y nef, beth bynnag wnawn,
    Yn dyfod â'i harfaethau i gyd i ben,
A theimlo'n hogyn un ar hugain oed
Na bydd y byd ond fel y bu erioed.

Y Ddau Angerdd

Ar ei hynt o uchaf trum y bryniau,
    Hyd i gilfach isa'r cymoedd clyd,
Cwynai'r gwynt, gan wylo'i wylltaf dagrau,
    Mai gofidus ydyw llwybrau'r byd.

    *   *   *

Gwrando'i gwynfan â chalonnau clwyfus
    A wnâi Mair a minnau gynnau'n syn,
Ac, â gruddiau gwlyb, y rhiain hoffus
    Blethai'i dwylo am fy ngwddw'n dynn.

Gwyddwn am y cariad dwys, angerddol,
    Ferwai o ddyfnderau'i henaid hi,—
Nid oedd ddim nas mentrai Mair yn wrol,
    Petai'n tycio er fy ennill i.

Minnau fethwn roddi iddi 'nghalon
    Er ei dagrau a'i hymbiliau i gyd.
Hithau, yn ei siom, chwenychai dirion
    Ango'r bedd o'm caru'n ofer cyd.

    *   *   *

Draw, lle murmur Ystwyth gerddi'r eigion
   Wrth droelli'n glaer dan wyrog goed—
Yno y mae'r un sy a'i heisiau'n greulon
   Arnaf innau, dros bob rhwystr a roed.

A phan wylai Mair am serch fy enaid,
   Gyda honno crwydrai 'mryd yn ffôl;
Ond, ni fedrodd hi'r hudoles delaid,
   Eto, yn ei byw, fy ngharw'n ôl.

A oes iddi, Dduw, roi imi'i chalon
   Wedi 'ngoddef a'm gobeithio i gyd?
Onis dyry ar fyr, mi fynnaf dirion
   Ango'r bedd o'i charu'n ofer cyd!

      *   *   *

Ar ei hynt o uchaf trum y bryniau,
   Hyd i gilfach isa'r cymoedd clyd,
Cwynai'r gwynt, gan wylo'i wylltaf dagrau,
   Mai gofidus ydyw llwybrau'r byd.

I Hen Gariad

Pan fyddo lleuad Hydref yn y nen
    Yn gwenu'r wên nad yw yn hen o hyd,
A'r môr a'r pell fynyddoedd o dan len
    A droed, gan dduw yr oed, yn aur i gyd;
Pan fyddo cornant lawn y mawn a'r brwyn
    Yn frwd gan antur ym Mhant Arthur draw,
A'r gwynt wrth Droed y Foel, o lwyn i lwyn,
    Yn cellwair â chariadon am a ddaw—
Bryd hynny, fe fydd hiraeth na bu 'rioed
    Ei anniddicach ar fy nghalon i—
Na chaffwn eto'r traserch imi a roed
    Un Hydref arall, yma, gennyt ti,
Ac na rôi'r Hydre'n ôl y nefol nwyd
I un a'i collodd yn y Gaeaf llwyd.

Blino Caru*

Os nad wyf ond glaslanc eto,
A gwaed ifanc ynwy'n curo,
Rhaid yw adde' nawr, er hynny,
'Mod i wedi blino caru.

Cerais ferch o Ddeheu Cymru,
Ac un hudol i'w rhyfeddu,
Ond rhy dwym oedd ei theimladau,
A rhy aml oedd ei geiriau.

Cerais ferch o Ogledd Cymru,
Ac un brydferth i'w rhyfeddu,
Ond rhy oer oedd ei theimladau,
A rhy gynnil oedd ei geiriau.

Cerais ferch o Geredigion,
Ac un gytbwys, ben a chalon,
Ond fe ddigiais wrthi'n anghall—
Cododd hithau gariad arall.

Blinais foedro hefo merched!
Maent yn feddal, neu yn galed,
Neu yn gytbwys ben a chalon,
Ac yn peri digio gwirion.

(Ebrill 1923)

Y Ddeilen Grin

Ddeilen felen fach ar ben Lôn Teirlon,
    O dan gysgod oer y gwŷdd di-wên,
Dyn a daear sy'n anghofio'n greulon
    Am yr hardd ieuenctid a fu gynt i'r hen!

Gwyrdd ac ieuanc fuost tithau unwaith,
    Pan oedd dyddiau'n heulog ac yn hir,
A deellaist nwydus ganu bronfraith
    A mwyalchen ar y cangau ir.

O daeth heibio iti wyllt gawodydd,
    Ymhyfrydaist yn eu bendith hwy,
A chellweiriaist wedyn gyda'r hwyrddydd
    Ag awelon hoywon, fwy na mwy.

Hapus oeddit, oni welwyd lledu
    Parlys rhyfedd dros y dail i gyd,—
A gwybuost tithau erbyn hynny
    Fyrred einioes deilen yn y byd.

Mae'r hen ffrindiau ar wasgar, ddeilen fechan,
    Gwaelion ydynt hwythau fel tydi,
Ac os ydyw'r Ddaear heno'n cwynfan,
    Nid yw'n cwynfan dim am rai fel chwi!

Ddeilen felen fach ar ben Lôn Teirlon,
    O dan gysgod oer y gwŷdd di-wên,
Dyn a Daear sy'n anghofio'n greulon
    Am yr hardd ieuenctid a fu gynt i'r hen!

Gwrando'r Gwcw*

Fe ddaeth y gwcw'n ôl i'n tud,—
Fe glywodd pawb ei chanu hud,
A llawenychir yn y gras
Sy 'nghalon fawr y Gwanwyn glas.

Ond fy nolurio gefais i
Gan atgof roes ei nodau hi—
Atgof am lawer nwydus hynt
I gwrdd â'r un a garwn gynt.

Cennit bryd hynny, gog, dy gerdd,
Uwch Ystwyth glaer mewn coedlan werdd,
A minnau'n gwrando, laslanc ffôl,
A gwasgu'r un na'm gwasgai'n ôl.

Myfanwy, fun y wefus fêl!
Mi'th garaf eto, doed a ddêl—
Mae'r gwcw'n deffro ynof i
'Rhen ysfa wyllt amdanat ti!

Hiraeth Mam

Fe'i gwelwyd ar wely yn Nhloty'r Dref,
    A'i babi bach wrth ei hochr mewn hun,
Gwelw ydoedd ei gruddiau a bloesg ei llef,
    A llawn ei llygaid, a llesg ei llun.

"O! fy mabi bach," meddai, "truan fy myd
    Na chawn i wella i'th fagu rhag cam;
Ond d'wedaf wrth Dduw, er fy ngwarthrudd i gyd,
    Y byddi di'n fachgen da dros dy fam."

Ymhen tridiau fe'i dygwyd yn araf drwy'r stryd,
    A'i phridd, heb alar, i'r pridd a roed;
Ac yno'n y Tloty a'i gyfyng fyd
    Y magwyd ei phlentyn nes daeth i'w oed.

    *   *   *

Daeth lleidr i'r ddalfa, dro'n ôl, rhwng dau,
    Yn garpiog a salw rhag brynted ei nwyd;
Mae heddiw yng ngharchar, a'r sôn yn parhau
    Am anfad weithredoedd y llanc, Iwan Llwyd.

Bu e'n fabi ar wely yn Nhloty'r Dref
    Wrth ochr un a fynnai ei fagu rhag cam—
Un a ddwedodd wrth Dduw yn grynedig ei llef
    Y byddai e'n fachgen da dros ei fam.

Ni wn a oes grïau, weithion, i'th glyw
    Di, Iwan Llwyd, a'th rodiad mor gam,—
Pell grïau o hiraeth sy fyth yn fyw—
Hiraeth un a ddywedodd o'i gwarthrudd wrth Dduw
    Y byddit ti'n fachgen da dros dy fam.

Afon Rheidol*

Ger Llyn Llygad Rheidol, dan y creigiau fry
    Yn nhangnef mynyddig Pumlumon,
Rhyw wylan o'r Bae a sibrydodd yn gu,
    "Ffrwd fach, tyrd i'm glasfor a'i wymon,—
      I fyw yn aroglau y gwymon."

A Rheidol, ar hynny, gychwynnodd i'r Bae
    Rhag hud y gwahoddiad, prysurodd;
A chanodd ei gobaith yn dlws, ond yn glau
    Bu feini ysgythrog a'i curodd
      Gan herio'i dyhëwyd a'i curodd!

Cai Rheidol y daith yn erwinach o hyd,—
    I lawr dros glogwyni arswydus;
Ac yno, o'r bobloedd a'i canfu i gyd,
    Pwy feiodd ei myned mor nwydus?
      A'i beichio, a'i neidio mor nwydus?

Er cyd a fu'i hadfyd, o'r diwedd fe roed
    Iddi ddolydd a chwm i droelli;
Ond wylodd yn drwm am ei chartref mewn hoed
    Yr awron yng ngheinder rhyw gelli,
      "Mae'r glasfor?" ebr awel y gelli.

Cyrhaeddodd y Bae yn flinedig,—mor ffôl,—
    Heb fynnu mo'r glasfor na'i wymon,
A gwelais hi gynnau yn cynnig troi'n ôl,
    A d'wedyd, "O! am gael Pumlumon,
      A'r llyn bach tan greigiau Pumlumon!"

Y Tloty

Fe'm cenhedlwyd yn ddi-feddwl
    gan rhyw nwydus ddau o dlodion,
Ac o'm ganwyd i anffodion
    nad oedd ochel arnynt hwy;
Er bod creithiau ar fy enaid
    na ddilëir am dragwyddoldeb,
Cefais Ffynnon y Dwyfoldeb
    ddaeth a'r nef i'm bywyd mwy.

Melys gado ac anghofio
    materoldeb meibion dynion—
Eu gwag sectau a'u gofynion,
    a holl bethau bach eu byd,
A hyfrydu 'nghwmni anian
    a'i godidog ryfeddodau,
Na ddifwynwyd gan bechodau
    a'u cysgodau drwyddi i gyd.

Cerddaf dros forfeydd porfforlliw,
    drwy nefolaidd arogleuon,
A gwrandawaf ar ganeuon
    di-amheuon adar bach;
Crwydraf at y llynnoedd unig,
    yfaf o'u sancteiddrwydd grisial,
Ac o ystyr hud eu sisial
    maith pan chwytho awel iach.

Dringaf lethrau'r hen fynyddoedd,
    syllaf ar y gwymp geunentydd,
Canaf gyda'r gwyllt gornentydd
    onid uno'r creigiau'n ffri;
A phan gaffont gwrlid eira
    yn un mawredd anghymharol
Daw, o'r ddaear yn ddaearol
    ryfedd hedd i'm henaid i.

Af i gwmni'r mwyn afonydd
    gân i dlysni coed a blodau;
At y gwyntoedd lleddf eu nodau,
    at y niwloedd trwm a'r glaw;
Af i gwmni'r haul a'i fynych
    ogoneddus ymachludoedd;
At y lloer a deifl oludoedd
    Teyrnas Lledrith yma a thraw.

Af i'w cwmni, bethau prydferth,
    bethau pur... O bethau tirion
Rhag yr Oes a'i dulliau gwirion |
    sy'n andwyo enaid blin.
Yn Nheml Anian yr addolaf,
    gras gaf yno i'm cynhesu,
A lleferydd pêr yr Iesu
    sydd a'i "eiriau fel y gwin."

Ni chwynaf bellach ddim os magwyd fi
    Yn un o strydoedd budron pen y dref,
Lle mae trueni ym mhob gwedd a chri,
    Â'r siarad yn sarhaus am Dduw a'i nef;
A pharchaf gof annedwydd dad a mam
    A yfodd nes i'r gwirod wywo'u cnawd,
A'm gadael i ar ôl, â llawer nam,
    At oer drugaredd Tloty'r Dref, a Ffawd.

Mi euthum, do, cyn bod yn ddengmlwydd oed—
    Amddifad llwyd—i'r Tloty yn ddi-nâg.
Roedd 'nhad a 'mam yn pydru dan y coed,
    A'm cartref, bob ystafell fach, yn wag.
Tebygwn nad oedd unlle gwell drwy'r byd
    Na Thloty'r Dref, a'i wŷdd a'i erddi tlws;
Onid oedd canu adar yno o hyd,
    A gwenyn yn y blodau ger y drws?

Ond pan ganfûm ei ddeiliaid rhyfedd ef,
    Anghofiais am y mwynder, Duw a ŵyr,—
Garw ydoedd yr wynebau, fel y nef
    Pan gasglo du gymylau gyda'r hwyr;
Hwy sonient am adegau llawer gwell,
    Hwy sonient am adegau llawer gwaeth;
Ac wylem ni'r rhai bychain yn ein cell
    Am dadau a mamau meddw a budr a aeth.

*   *   *

Meddyliais wedi hynny, lawer awr,
    O glywed am a ddysgai'r Arglwydd Grist,—
Na ddwedai Ef mai caredigrwydd mawr
    Oedd cynnull at ei gilydd dlodion trist—
Y naill i glwyfo'r llall â'i warth neu'i gam,
    A phechod rhyngddynt hwy a gweld y nef.
Ond mi ddeellais ymhen hir paham
    Na wnaethai'r Oes yr hyn a fynnai Ef.

Gwelais fod pedwar Cythraul yn y byd,
    Yn corddi'r Oes yn rymus ac yn hy,—
Na byddai'r T loty ar gael, na'i dlodi i gyd
    Ond am y rhain a'u hudoliaethau du;
A'r pedwar Cythraul oedd—Cybydd-dod cas,
    Diogi haerllug, ac Anlladrwydd cudd,

A ffiaidd Dwyll...
      Cofiais eu dull di-ras
O gadw'r Tloty'n llawn o ddydd i ddydd!

I. Dull Cybydd-dod

Anfynych y gwelais hi'n edrych yn llon,
Gan leithed ei llygaid, rhag trymed ei bron;
Ei gruddiau oedd rychiog, ei gwallt oedd yn wyn,
A'i meddwl drwy'r dydd yn hen ardal y Glyn.

Cans yno fe'i cerid gan blant a phob oed,
Roedd hi'n rhan o'r ardal ac ynddi erioed;
Doeth ydoedd ei chyngor, fe wëai o hyd,
A gwyddai hanesion y Beibl i gyd.

Fe foddodd ei phriod mewn storm ar y môr—
Bu'n hir iawn cyn credu, a bolltio ei dôr.
Ni feddai ddim teulu nac arian wrth gefn,
A bu mewn cyfyngder drachefn a thrachefn.

Fe rannodd a gafodd, er hynny, drwy'i hoes
 rhai a gyfarfu â thynged fwy croes.
Gwahoddai'r oferwyr i'r capel, gwir yw,
Ac nid oedd ei thaerach wrth ymbil â Duw.

Am fod y rhai cefnog yng nghapel y Glyn
Yng ngafael y Cythraul Cybydd-dod yn dynn,
Nid oedd ond y Tloty rhag henoed i hon.
Pa ryfedd ei bod hi cyn drymed ei bron?

II. Dull Diogi

Os ef oedd y sioncaf o'r tlodion bob un,
A'r hoffaf o frolio'i orchestion ei hun,
Ni chaed, dros ei grogi, gan Harri'r Ddwy Graith
Erioed wneuthur diwrnod go onest o waith.

O ba le y daethai, ni ddwedodd un tro,
(Pe dwedai, pwy fyddai a'i coeliai efô?)
Ac weithiau fe'n gadai am fisoedd, mae'n wir,
A meddwi'n chwil ulw yn ffeiriau y sir.

Ond wedyn doi Harri i'r Tloty'n ei ôl
Fel brenin i'w balas, o grwydro mor ffôl,
A chwarddai gan wasgu'i flew cringoch ynghyd;
"Wel, fi yw'r dyn callaf o bawb yn y byd,

"Cans ffyliaid sy'n chwysu i ennill eu bwyd,
A'u gwarrau yn plygu, a'u gruddiau yn llwyd;
Y gamp yw cael tamaid heb lawer o waith,
(A pheint pan fo syched), fel Harri'r Ddwy Graith."

Ac am fod y Cythraul Diogi'n cael gwall
Ar Harri, a'i dwyllo ei fod yn ddyn call,
Mae o yn cartrefu yn Nhloty y Dref,
A chred (dyn a'i helpo!) ei fod yn y nef.

III. Dull Anlladrwydd

Merch oedd hi i deulu pur barchus o'r wlad,
A dedwydd y'i magwyd gan fam a chan dad;
Nid oedd hi yn ieuanc, nid oedd hi yn hen,
Ac 'roedd galwad y cnawd yn nhro'i llygad a'i gwên.

Fe'i dygwyd i'r Tloty o gonglau y stryd,
A genodd ei phlentyn o olwg y byd;
Ac ofnodd fynd allan a hithau mor wan,
Cans gwyddai fod cyfle i bechu 'mhob man.

Mi'i clywais ar brydiau yn crïo'n ddi-baid,
A sôn am ei chyfran o waed drwg ei thaid;
Ond wedyn tawelai, deffroai'r nwyd hen,
A dôi galwad y cnawd i dro'i llygad a'i gwên.

Ni ddwedodd hi air, er ei cho' mawr,
Yn erbyn y rhai a'i tynasai i lawr
Y dynion ymlidiai'i bwganod liw nos
Rhwng croesffordd y pentref a llidiart y clos

Am ildio o'i haid, a chrefyddwyr Gwm Gwŷdd,
A hithau, i Gythraul Anlladrwydd eu dydd,
Mae hi yn y Tloty a'i henaid yn hen,
A galwad y cnawd yn nhroi'i llygad a'i gwên.

IV. *Dull Twyll*

Ac ef onid ieuanc roedd siarad ar daen
Amdano yn gweithio ei ffordd yn ei flaen;
Nid oedd yn y dref na ddymunai ei lwydd,
A dringai esgynfa byd masnach yn rhwydd.

Ymunodd â phartner; ffynasant yn wymp,
Heb neb yn dyfalu agosed ei gwymp;
Fe hoffent ei gilydd â hoffter di-wall,
A'r naill ymddiriedai ym mhopeth i'r llall.

Ond... collodd ei bartner yn sydyn o'r dref
Ryw noson, a'u cyfoeth ill dau gydag ef, ...
Ac yntau a surodd rhag tynged mor flin,
A chwiliodd am angof yng ngwaddod y gwin.

Fe feddwodd—tra gallodd; dibrisiodd y byd;
(Mae gofid ar lawer sy'n meddwi o hyd);
Ac yna i'r Tloty cyfeiriodd ei droed
Yn llwm ac yn afiach, a deugain mlwydd oed.

Am roddi o'i gymrawd ei hunan, un hwyr,
At alwad hen Gythraul y Twyllo yn llwyr,
Mae hwn yn y Tloty, yn rheglyd a chroes,
Yn credu mai Duw a felltithiodd ei oes.

Dyna eu dull—ganfuom flynyddoedd hir
   Ar ôl ffarwelio'n llanc â Thloty'r Dref,—
Ac ofnais wedyn i'r rhai drwg yn wir
   Ysbeilio Duw o'i bethau drud a'i nef.
O Iesu tirion! wylais am Dy wedd,
   A dirmyg oes faterol o'm pob tu;
A'r pedwar, hwythau'n cyson gynnig hedd
   I'm calon drom o'u hudoliaethau du.

Od ildiais ambell dro a'm ffydd yn wan,
   (Mae mab yn fab o hyd i'w fam a'i dad),
Byr oedd fy nghyfeiliorni; yn y man,
   Dychwelai hiraeth am y Ganan wlad.
Chwelais a chwiliais; a daeth golau claer
   O'r diwedd dros y byd a thros y nef,
Atebwyd fy ymbiliau trist a thaer,
   A gwelais Ei Wynepryd hawddgar Ef.

Fe'm galwodd Crist o ruthr y wamal Oes—
   Ei bâs dduwioldeb a'i hoferedd hy—
Oedd yn Ei hoelio eto ar y Groes,
   A gwasanaethu pedwar Cythraul du;
Fe'm galwodd i gyd-fyw â Natur fawr,
   Lle ceidw Duw Ei bethau drud heb staen;
Ac yna gwelais lanw y nefol wawr
   Yn ymlid y Cythreuliaid oll o'm blaen.

Pe rhoddai'r Oes ei henaid hithau i'r Crist
   A mynd i gymod sicr â'r cread maith,
Ni byddai'r tlodion yn y Tloty trist,
   Na'r pedwar Cythraul wrth eu haflan waith.
Ond... Cybydd-dod, a Diogi, Anlladrwydd, Twyll,
   Sydd yn anrheithio'i bywyd bob rhyw awr;
Nid oes onestrwydd ganddi hi, na phwyll,
   Na'r blinder gyfyd hiraeth am y wawr.

Minnau orfoleddaf bellach,
    blentyn nwydus ddau o dlodion,
Er fy ngeni i anffodion
    nad oedd ochel arnynt hwy;
Er bod creithiau ar fy enaid
    na ddilëir am dragwyddoldeb,
Cefais Ffynnon y Dwyfoldeb—
    ddaeth a'r nef i'm bywyd mwy.

Melys gado ac anghofio
    materoldeb meibion dynion—
Eu gwag sectau a'u gofynion,
    a holl bethau bach eu byd,
A hyfrydu 'nghwmni anian
    a'i godidog ryfeddodau,
Na ddifwynwyd gan bechodau
    a'u cysgodau drwyddi i gyd.

Cerddaf dros forfeydd porfforlliw,
    drwy nefolaidd arogleuon,
A gwrandawaf ar ganeuon
    diamheuon adar bach.
Crwydraf at y llynnoedd unig,
    yfaf o'u sancteiddrwydd grisial,
Ac o ystyr hud eu sisial
    maith pan chwytho awel iach.

Dringaf lethrau'r hen fynyddoedd,
    syllaf ar y gwymp geunentydd,
Canaf gyda'r gwyllt gornentydd
    onid uno'r creigiau'n ffri;
A phan gaffont gwrlid eira
    yn un mawredd anghymarol
Daw, o'r ddaear yn ddaearol,
    ryfedd hedd i'm henaid i.

Af i gwmni'r mwyn afonydd
  gân i dlysni coed a blodau;
At y gwyntoedd lleddf ei nodau,
  at y niwloedd trwm a'r glaw;
Af i gwmni haul a'i fynych
  ogoneddus ymachludoedd;
At y lloer a deifl oludoedd
  Teyrnas Lledrith yma a thraw.

Af i'w cwmni, bethau prydferth,
  bethau pur... O bethau tirion,
Rhag yr Oes a'i dulliau gwirion
  sy'n andwyo enaid blin.
Yn Nheml Anian yr addolaf,
  gras gaf yno i'm cynhesu,
A lleferydd pêr yr Iesu
  sydd a'i "eiriau fel y gwin."

(1923)

Y Pechadur

Eisteddem, dri ohonom, wrth y tân,
    A thrymder Tachwedd ar hyd maes a stryd,
Eisteddem, wedi blino ar lyfrau'n lân,
    A sgwrsio am "ddeniadau cnawd a byd."
Soniasom am y pethau ffôl na ŵyr
    Ond llanciau gaffael ynddynt liw na gwres,
Y pethau a gerdd ar lanw eu gwaed fin hwyr,
    A phorthi heb borthi'u blys; a'u tynnu'n nes.
Ym mhen y sgwrs addefais innau'r modd
    Y pechais i tan drais cywreinrwydd poeth;
Gofynnais a bechasent hwy? ... A throdd
    Y ddau, a brolio eu hymatal doeth!
Ac yno, wrth y tân, yn un o dri,
Gwelais nad oedd bechadur ond myfi.

Mab ei Fam
(I M. T. W.)

Os un â'r gweryd yw dy dadau ym Môn,
    Eu gwaed sydd i'th wythiennau'n gynnes li,
A'u hysbryd hwy sydd ynot pan fo sôn
    Am gam dy werin yn dy darfu di.
Dygi, fel hwythau gynt, ran gweithiwr tlawd
    Na fyn ddiffygio yn nrain a niwl y byd;
A chredi, ambell dro, mai mympwy ffawd
    Anhyblyg, sy'n rheoli d'oes i gyd.
Ond cysur wedyn gei,—od ei, liw nos,
    Drwy bêr lonyddwch coed Glyn Llifon draw,
Neu o ryw gerdded llwybrau gwaun a rhos
    I roi dy gŵyn i gerrynt gwynt a glaw,
Neu syllu ar ddawns y lloergan ar y don
Nes llwyr anghofio beichiau'r ddaear hon.

Duw Mudan

Tydi, nad oes a'th genfydd un, a byw—
 Anhysbys Arglwydd Tynged oesau'r llawr—
Ordeiniaist dduwiau yng nghnawd y ddynol ryw
 I ganu ystyr Dy Ddirgelwch mawr:
Duwiau synhwyra swm y cwbl a fu,
 Y cwbl y sydd tra fônt, a'r cwbl a ddaw,
A thraethu, nes bo ddoeth eu brodyr lu
 Nad eiddynt ond wynebu Angau draw.
Ordeiniaist finnau'n dduw. Deallaf hir
 Gwrs pasiant Dyn a Daear; ond y mae
Mynegi'n ormod im. Yr wyf yn wir
 Yn ysig gan f'anallu... Cofia wae
Dy fudan dduw, O Dduw y duwiau rhin,
A maddau ddagrau yn lle geiriau gwin.

Strancio
(I gyfaill annwyl a fu'n cyd-letya â mi)

Do, bûm yn flin, mi wn—yn flin drwy'r dydd,
  A dadlau ac ymdderu â thi'n gas;
Amheuais dy gywirdeb mawr a'th ffydd,
  Sethrais dy fannau tyner yn ddi-ras;
Haerais nad oeddwn gyfaill iti'n hwy,
  Na thithau i fyfinnau'n gyfaill chwaith;
Rhegais d'anwyldeb; honnais wawdio mwy
  Leferydd bach dy lygaid glas a llaith.
Do, bûm yn flin. Ond weithion gwybydd di
  Fod Fflam yn llosgi ynof, ac aml dro
Yn llamu ar draws fy nghorff materol i,
  A'm hysu hyd fy ngyrru i maes o'm co',
A strancio a wnaf eto rhag fy ffawd
Nes torro'r Fflam ei ffordd o'i charchar cnawd.

Atgof

(*Ystori Llanc Synhwyrus*)

"The imagination of a boy is healthy, and the mature imagination of a man is healthy; but there is a space of life between in which the soul sin a ferment, the character undecided, the way of life uncertain, the ambition thick-sighted…"

John Keats

Mi rusiais rhagddo drwy flynyddoedd blin
   Ieuenctid nwydus, er ei daerni ef;
Gomeddwn wrando ar ei eiriau rhin
   Er gweled uffern ym mhen draw pob nef.
Ymyrrwr, meddwn, oedd, a fynnai im
   Geisio yn llwfr ryw ddiogelwch gwael,
A minnau eisiau ildio i chwim a chwim
   A bwyta gwaharddedig ffrwyth 'yn hael.
Ond fe'm dilynai er fy rhusio i gyd,
   Heb ddim a darfai ei ddewinol ddawn;
Adwaenai dro fy meddwl claf o hyd,—
   Dilynai a dilynai'n agos iawn,
Fel petai gennad gor-ofalus Dduw
I'm gwarchod rhag y gwybod sydd o Fyw.

*　　　　*　　　　*

Mwg mawn! Aroglau hwnnw, dyn a ŵyr,
  Drwy'r ffroen a gerdda i'm synhwyrau'n glau,
Oni'm meddiennir i gan Atgo'n llwyr
  A'm dwyn i'r cartref gwyn rhwng perthi cau.
Cofiaf yr ystafelloedd bach, a gwawr
  Y celfi hen, a'r cynefindra rhydd;
A mam a thad er llawer tywyll awr
  Yn sugno o Gariad gysur at y dydd.
A chofiaf stormydd hwyr yn chwipio'r drws
  A minnau'n swatio'n felys wrth y tân,
Hyd oni'm denai cwsg â'i gellwair tlws
  I fynwes mam, a'm suo gan ei chân;
A bwrw fy mlino o egnïo cyd
Heb ofn y nos rhwng dau ddedwydda'r byd.

Rhwng dau ddedwydda'r byd! ... Mi gefais fyw
  Yn hwy na diogelwch maboed iach,
A gweld Dedwyddwch, yn nyryswch Rhyw
  Yn nychu a darfod yn y cartref bach.
Cans yma, a mi'n prifio, gwyliais un
  Yn wylo a chynddeiriogi yn ei thro
Tan fin y gwir fod tad ei phlant ei hun
  Yn peri sôn amdano hyd y fro.
A chalon mam,—er ei chystuddio'n ddwys
  Wrth dorri troeog gŵys o'r llan i'r bedd—
Ni wybydd gystudd o gyn drymed pwys
  Â cholli nerth ei Rhyw a'i harddwch gwedd,
A'r gŵr a'i treuliodd eto a'i waed yn dwym,
A dim ond Arfer oer i'w cadw yn rhwym.

Arfer i'w cadw yn rhwym! P'ond enbyd fai
  Meddwn, oedd ei mwsogli hi erioed,
A Rhyw mor wamal yn ei lanw a'i drai
  A'r gwendid rhagddo i bob un a roed?
P'ond ofer tyngu'r llw yng ngwyddfod Duw
  A ni heb wybod hyd a lled ein chwant,
A chicio'r tresi'n ffôl tra fyddwn byw,
  A'u cicio, wedi'n myned, gan ein plant?
A chredais, gartre, ym mwg y mawn a'r boen,
  Nad ydoedd Cariad namyn Rhyw i gyd,—
Mai pranciau anghyfrifol cnawdol hoen
  Oedd Cariad—i'w fwynhau tra dalio'i hud;
Na fynnai brisio dull Gwareiddiad salw,
A chrwydro draw ac yma yn ôl ei alw.

Yn ôl ei alw! Pa bryd y 'mheliaist ti,
  Gariad, mewn un peth ond dy hwyl dy hun?
A pham yr ofer-geisir, holwn i,
  Dy blethu'n ddof i Economeg Dyn?
Mynnaist ti d'oglais â chwrteisi hen,
  Rhwysg twrnamaint a gwiw sifalri gweilch;
Tynnaist o feirdd a doethion arial Llên,
  Drysaist gynlluniau ymerodron beilch.
Ac er yn gryfach na'r mynyddoedd mawr
  Oriocach ydwyt na'r awelig wan;
A deimlo sicrwydd dy gofleidiau'n awr
  Ni ŵyr lle bo dy ffansi yn y man...
Ond ni'th lurguniaf i rhag Arfer wyw,
Cans tramwy wrth dy fympwy di yw *Byw*.

Byw! Gwawdiwn innau gri'r parchusion mwy
  Fod Cariad dau yn rhywbeth trech na'u Rhyw.
Beth am fy nghartre nad oedd gartre'n hwy?...
  A fei-id y Diawl am reddf a greodd Duw?
Derbyniaf Gariad, meddwn, fel y mae;
  Mae f'ifanc gorff yn blysio am ei rin;
Mynnaf y merched gwympaf imi'n brae
  A feddwo fy synhwyrau oll fel gwin.
A throed fermiliwn ymachludoedd hir
  Gilfach y graig yn rhyw bantheon nwyd;
Datganed adar bob gorfoledd clir;
  Dawnsied awelon dros y rhostir llwyd,
A chwardded lleuad wen a mintai'r sêr
Ar ddeuddyn Cariad yn eu poenau pêr.

    *   *   *

Dyna f'adduned. A phan wnaethpwyd hi
  Dibaid y dôi ymadrodd ar fy ôl:
Cyn byw i ddim ond Rhyw, ymbwylla, di,
  A phechu i'th erbyn di dy hun mor ffôl.
Onid priodi a chartrefu dau
  Achlesodd wreiddiau Meddwl yn ddi-lyth?
A pheri clywed trwy ogleisiau brau
  Natur yn llefain am gael byw am byth?
Nid anffawd Pleser roddi i fam y boen
  O eni'i phlentyn, a'i hymwadu drud—
Cans dyma offrwm Bywyd yn ei hoen
  Ar allor Cariad er mwyn cadw'r byd.
Gochel! Mae'r allor yn rhy gysegredig
I'w dwyno gan dy reddf annisgybledig.

    *   *   *

Aroglau'r pridd! Mae clywed hwnnw o hyd
  Ar glaear ddyddiau'r Gwanwyn, rhag y troi,
Yn cadw'n ddifarw fyth yr Atgof drud
  Am f'awydd am ferchetq, a'm hynfyd ffoi
O afael pob myfyrdod a pherswâd
  I brofi Cariad yn ei angerdd noeth.
Digon i mi oedd cyfeiliorni 'nhad
  I'm clust-fyddaru i'r llefaru doeth...
Aroglau'r pridd! Aroglau'r ddaear hen
  Fu gynt yn esmwytháu f'ymennydd i,—
Pigyn a beri mwyach ac nid gwên,
  Gwae imi lygru d'addfwyn burdeb di,
Cyn gwybod bod a brofir, o bob rhyw,
Yn rhan ddisyfyd o Gelfyddyd Byw.

Celfyddyd Byw! Nid oedd fy mryd ar ddim
  Ond meddwi ar y gwin sy'n enaid merch...
Gwelaf yn awr y nos a bennais im
  Gwrddyd â Mair ar berwyl anllad serch.
Uchel oedd llef yr arddwyr yn y maes
  A'r cwysi coch yn gollwng tawel sawr;
Roedd Byw yn ganu yn y masarn llaes,
  A Byw yn brancio ar y mynydd mawr,
Llawen i'm golwg oedd a welwn oll,
  Llawen i'm clust a'm ffroen a glywn, bob cam;
A llawen oeddwn i—a bron ar goll—
  A Byw i minnau'n awr, o fewn fy llam;
A'i holl aeddfedrwydd gogoneddus hi
Yn rhyw amharod-ddisgwyl wrthyf i.

Yn disgwyl wrthyf i! Ar lan y llyn
  Yr eisteddasom fel y cochai'r hwyr.
Neseais ati hi, a'i gwasgu'n dynn,
  A'i hanner-annog i ddibristod llwyr.
Llenwais ei llygaid du â mwynder maith;
  Cusenais â gwefusau gwancus, llawn;
Teimlais ei ffurf hudolus lawer gwaith;
  Gyrrais ei gwaed ar gerdded cyflym iawn.
O funud dwym i funud fe ddaeth tro
  Penllanw gorchfygol Rhyw, ac ildio'n dau...
A wybu dyn felystra fel efô
  Yn treio—a throi'n atgof hyll—mor glau?
Cerddasom adref, heb ddim sôn am garu
A minnau ar y Pleser wedi alaru.

Wedi alaru! ... Pe na baem ninnau weithion
  Ond nawmlwydd, Mair, yn lle'n deunawmlwydd blin,
Ni byddai gwyllt bwerau Rhyw yn gweithio'n
  Anesmwyth ynom hyd nes cael ei rin.
Lluniem "dŷ bach" rhwng bonau'r grug, heb frys,
  Neu lamu'n droednoeth drwy ddŵr bâs y llyn;
Neu gynnau eithin; neu loddesta ar lus;
  Neu gasglu blodau coch a glas a gwyn.
Gwae, gwae na feddem heno ar ein hynt
  Ffraeth ddiniweidrwydd dyddiau'r nawmlwydd iach,
A glendid o anwybod megis cynt,
  A dim yn gwasgu ar y galon fach,—
A holl ddadrithio poenus deunaw oed
Heb ddyfod i'n hymwybod ni erioed.

Heb ddyfod inni erioed! Mi dybiais, do
  Mai 'mroi i reddf y Cnawd oedd diben Byw
Ond fe'm syrffedodd hynny, ar un tro yw,
  A merch ni fynnwn mwy, na sôn am Ryw
Gwall ydoedd Rhyw yng nghreu y byd,—tabŵ
  A halog ydoedd merch a'i meddal fodd.
Melltithiais innau fy anniwair lw
  A chanu'n iach â'r cwbl i gyd, o'm bodd.
Siomedig ydoedd Rhyw er gwau o ddyn
  Ramant amdano'n gain. Myn'swn yn awr
Mai Cyfeillgarwch oedd a roddai i un
  Y Bywyd helaeth, glân. Gwasgwn i lawr
Flys Rhyw a'i ymlid. Ni chai 'nhwyllo'n hwy.
Cysegrwn f'oes i Gyfeillgarwch mwy.

        *   *   *

Dyna f'adduned. A phan wnaethpwyd hi
  Dibaid y dôi ymadrodd ar fy ôl:
Ymswyna rhag doctora Rhyw, dydi,
  A phechu i'th erbyn di dy hun mor ffôl.
Mae Cyfeillgarwch gwŷr yn nhroeon Ffawd
  Fel llinyn aur drwy holl groniclau'r byd;
Ni warafunaf iti ar dy rawd
  Gael profi o ddigrifwch hwn i gyd:
Ond gwylia bwyso gormod arno fo
  Oherwydd dy syrffedu, dro, ar ferch,
A thybio felly yrru Rhyw ar ffo:—
  Geill deugnawd unrhyw ei ail-alw yn erch,
A gwneuthur Cyfeillgarwch wedi hyn
Yn waeth na Chariad anllad glan y llyn.

        *   *   *

Aroglau gwair ar lawr! Dim ond ei glywed
   Ar awel lariaidd diwedd dydd o haf
A ddwg yn ôl yr Atgof hwnnw a ddywed
   Am adeg Cyfeillgarwch. Cofio wnaf
Y fel y treiglais ar fy nyfal gais
   Am gyfaill a rôi imi'r sylwedd gwir,
Heb gymryd arnaf glywed gair y Llais,
   Na digalonni er fy siomi'n hir;
A'r fel y deuthum hyd at degwch glan
   Menai hudolus un ariannaid hwyr,
A'i gwrdd efô a luniais yn y man
   Yn bartner enaid â bodlonrwydd llwyr,
A sawr y 'stodiau wrth Lan Faglan syn
Yn fendith dawel ar ein cwlwm tyn.

Ein cwlwm tynn! Di, lanc gwalltfelyn, rhadlon
   Gwyddost y cyfan a fu rhyngom ni,—
Yr holl ymddiried gonest, a'r afradlon
   Arfaethau glân a wnaethpwyd ger y lli.
Haerasom fod y byd yn ddrwg i'w fôn;
   Mynasem gael y byd o'i fôn yn dda,
A'i roi mewn moddau byw fel na bai sôn
   Am wanc neu syrffed fyth ar ddyn yn bla.
Tyngasom ddiystyru'n greddfau gwael;
   Nid oedd y Corff ond teml y Meddwl drud;
Er blysio o ieuenctid garu'n hael
   Nid ildiem ni i ddim rhyw gnawdol hud,
Cans oni chlywem annog pêr o bell
Ar inni gyrchu at y Bywyd Gwell?

Y Bywyd Gwell! ... Cofiaf y noson dawel
  Y cerddem adref hyd ffordd Fethel draw,
A'r wlad heb ddwndwr dyn na llafar awel
  A'r gwair yn arogleuo ar bob llaw.
Ni fynnai'n Meddwl fenthyg hanner gair
  A ninnau o ryw Wybod mawr mor llawn,
Pan dorrodd esmwyth ganu i'r Forwyn Fair
  O gwfaint rhwng y coed yn beraidd iawn.
Safasom. A charthasom yno bwys
  Ein beiau parod, dybiem ni, yn llwyr,
Rhag miwsig hen y geiriau Lladin glwys,
  A gânt diweirllu'r oesoedd gyda'r hwyr
I ymlid cof am hudoliaethau'r byd
O gêl gilfachau eu Meddyliau i gyd.

Cilfachau eu Meddyliau! Fe gredasom
  Ninnau, ill dau, fod ein Meddyliau'n lân
Y noson ryfedd honno, a hunasom
  A'n clustiau yn ail-ganu'r santaidd gân.
Hunasom... Rywdro hanner-deffro'n dau;
  A'n cael ein hunain yn cofleidio'n dynn;
A Rhyw yn ein gorthrymu; a'i fwynhau;
  A phallu'n sydyn fel ar lan y llyn...
Llwyr-ddeffro... ac ystyried beth a wnaed...
  Fe aeth f'ymennydd fel pwll tro gan boen;
Roedd Cyfeillgarwch eto'n sarn tan draed,
  A ninnau gynnau'n siŵr sancteiddio'n hoen!
Mi lefais: Gad fi'n llonydd bellach, Ryw,—
Yr wyf yn glaf, yn glaf o eisiau *Byw*!

Byw! Mi chwenychais brofi'i hyfryd flas,
  Ond rhyngof i a Byw mae gallu Cnawd
Yn fy ngormesu iddo'n ufudd was,
  A rhwystro a ddeisyfo 'Meddwl tlawd.
Beth wyt ti, Gnawd? Tydi, a dawdd y gwres;
  A lasa'r oerfel, ac a waeda'r dur;
A gwsg, a sieryd, ac a ddibynna ar bres;
  Sy'n gweld; sy'n clywed, ac yn cynnwys cur?
Beth wyt ti, Gnawd? Tydi, ar siawns a wnaed
  Rhag trachwant Rhyw dau na'th fynasent ddim,
A'r trachwant hwnnw yn ysfa yn dy waed
  Dithau bob dydd a nos? O dywed im!
A pham y rhoed mewn llestr mor salw ei lun
Rywbeth o ddeunydd gwell na'r llestr ei hun?

Ffordd arall wedyn a ddyfelais i,
  Ac wedyn daeth ymadrodd ar fy ôl:
Cyn llwyr-ymwadu â Rhyw, ymbwylla, di,
  A phechu i'th erbyn di dy hun mor ffôl.
Gomeddwn iti ei ddefnyddio'n gam
  A llygru sianel santaidd Natur fawr;
Ac erchais iti ymswyn rhag rhoi nam
  Ar Gyfeillgarwch yn dy nwydus awr.
Ond ni wrandewaist. Pechaist, a syrffedu
  Ar Gariad merch a Chyfeillgarwch dyn;
A mwy, yr wyt yn feddal iawn yn credu
  Mai haint yw cyffwrdd Gnawd, a charu llun
Mwynder o'th gyrraedd... Gwagedd, gwagedd yw!
Priodi Cnawd a Meddwl—dyna yw Byw.

        *   *   *

Aroglau'r gwymon! ... Gwelaf haul yr haf
  Yn rhoi esmwythyd mwyn i donnau'r lli,
A'r bobloedd fodlon ar y draethell braf
  Yn ymddigrifo yn y chwaon ffri.
Aroglau'r gwymon! ... Clywaf firi'r byd
  Yng ngherdded brwd yr offerynnau cerdd,
A rhyw rianedd yn eu gwyn i gyd
  Yn chwerthin gyda'r hwyr ar lannerch werdd.
Aroglau'r gwymon! ... Cerddwn ynddo'n syn.
  A'm gwybod wedi annibennu f'oes,
A sylwi ar un o ri'r rhianedd gwyn
  Yn sylwi arnaf i... Ciliodd y loes
A wasgai arnaf rhag ei gwên fach, araf....
Tyngais yn fyr fy mhwyll: Myfi a'i caraf!

Myfi a'i caraf, meddwn, er bod Rhyw
  A Chariad wedi'u drysu'n ddi-wahân,
Rhaid bod gorawen Cariad pur o Dduw
  A hoywai ddau, pe lleddid Rhyw yn lân,
A medrwn hynny'n awr. Mi rwystrwn Gnawd
  I orfod eto ar fy Meddwl i...
Ni thorrem air; ni cherddem ar un rhawd;
  Ac ni chusanem, ni chofleidiem ni,
Gwelwn y fun yn gyson ger y don,
  A digon oedd ei gweled i'm boddhau,
Cyfleai'n llygaid Gariad dwfn y fron;
  Deallai'r naill ystori'r llall yn glau;
A mynegasom yn ein caru mud
Deimladau drechai holl dafodau'r byd.

Tafodau'r byd! Sut y mynegent hwy
  Y gwynfyd rhyfedd barai'r fun i mi;
Tystiwn fod diwedd ar f'anffodion mwy
  A Byw hyfryted yn ei golwg hi.
Ffenestri'i chalon oedd ei llygaid glas,
  A phurdeb plentyn ynddynt, er ei hoed;
Gŵyl oedd ei hagwedd, heb awgrymu cas
  Yn llercian yn ei gwisg na cham ei throed.
Roedd Bywyd, er fy siomi dro a thro
  Yn fwy na gwerth y cwbl a gostiodd im;
Ni fedrai'r byd er ei gyfrwysed o
  Amgyffred ei gyfaredd ddwyfol ddim,
Ac yntau o hyd yn rhygnu'r un hen dant
Nad ydyw deuoedd ond peiriannau plant.

Peiriannau plant! Gwae beri o'r gwymon gofio
  Yr hwyr y staeniwyd Cariad glan y môr!
Dichon mai gweld y rheiny ddoi o nofio
  Gyffroes a ddirgel-gronnai ynnwy'n stôr...
Ond gwn i mi freuddwydio ganol nos
  Gael pleser wrth halogi 'nghariad fud...
Yr oedd yr ieuanc wawr yn cleisio'n dlos
  Pan giliodd cwsg... Cofiais y cwbl i gyd.
Gŵyr Duw im wylo dagrau chwerwon iawn
  Uwch ben gresynus wedd fy mwriad glân;
Mentrais i'r traeth a'r heulwen y prynhawn,
  Ond mi ddihengais mewn rhyw uffern dân
O gyrraedd pawb o'r byd pan welais i
Euogrwydd hefyd yn ei llygaid hi!

    *   *   *

Yng nghanol coed yr oeddwn, a thor-calon
  Yn wyniau drosof. Llefais: Ofer waith
Yw ymarfogi rhag fy nygn dreialon;
  Fe gafodd Rhyw wall arnaf. Ffaith yw ffaith.
Bellach, Tydi y rhusiais rhagot cyd,
  Siarad â mi; nid wy'n dy ofni'n hwy.
Gyfarwydd rhyfedd, Broffwyd siŵr o hyd,
  Beth a olygi? Mi'th wrandawaf mwy...
Pwyso fy mhen ar gnwd o borfa werdd....
  Y coed yn gysgod mwyn rhag haul y nef...
Calon y byd yn curo, curo... Cerdd
  Rhyw dderyn bychan, sionc... Chwyth awel gref...
Petrusgar osteg dwys... Distawrwydd mawr...
A'r Rhywun, yntau, yn llefaru'n awr:

Fe blygaist dithau, er dy ystyfniced,
  O'r diwedd, wedi 'ngochel lawer gwaith;
Gwyddwn o hyd na fedrai d'anniddiced
  Ei lygad-dynnu rhagof i drwy'r daith.
Fe'm gelwaist yn Gyfarwydd rhyfedd, gynnau,
  A Phroffwyd siŵr. Ynfyd o beth yw dyn!
Nid ydoedd a'th ddilynodd hyd y grynnau
  Dorrit yn ofer ond Tydi dy Hun.
Fel pe mynasai'r Bywyd sy'n y maes—
  Y dderwen gadarn neu'r glaswelltyn main,
Lesteirio'r Rhin a dynn eu gwreiddiau llaes
  O'r pridd a'u magodd i'w grymuso'n gain,
A methu ganddynt dorri'n ddail a blodau
A nychu'n ddiymadferth drwy'u cyfnodau.

Cans Rhin dy Fywyd dithau ydwyf î
  A dynn dy wreiddiau fyth o bridd dy dras.
Gwesgaist fi 'ngwaelod dy ymwybod di,
  A phoeni mewn anallu heb fy ngras.
Nid ydwyf i na da na drwg,—i gyd—
  Mae blas dy bridd, a'i wrtaith arna'i'n drwm.
Efallai na bydd ddoeth fy ngair bob pryd,
  Ac y crafangaf wrth ragfarnau llwm.
Ond rhaid i'th Gnawd a'th Feddwl di eu plygu
  I wneuthur a orchmynnwyf i drwy d'oes;
A thrwof caiff dy Fywyd ei amlygu
  Fel, fel y mae, mewn chwerthin ac mewn loes;
A gwybod y bodlonrwydd sydd o Fyw
Yn gwbl a chywir yn ôl Diben Duw.

Fe blygaist, do, ond nid cyn pechu i'm herbyn;
  Ac ni bu bechod heb ei gosb erioed;
Llechu ni cheffi'n unman rhag ei derbyn,—
  A'r llymaf cosb yw cosb yr ifanc oed.
Nid ei di adref i aroglau'r mawn,
  Na chofi eto ddechrau'r crwydro ffôl;
Ni chlywi sawr y pridd, wanwynol nawn,
  Na ddaw a wnaethost ti a Mair yn ôl;
Ni chlywi fyth aroglau gwair yr haf
  Heb gofio llygru'r Cyfeillgarwch cu;
Na sawr y gwymon na ddaw methiant claf
  Y caru anghyffwrdd eto i'th gof yn hy.

Felly y teli bris dy feiau oll
Nes pylo colyn Atgo', a mynd ar goll.

Ymffrost

Bellach, mae 'nhraed yn sicr. Mi fedraf alw
  Ysbrydion fy nghariadon oll ger bron,
A'u hoer-wynebu heb glwy cariad salw
  I darfu hynt fy meddwl, cans rwy'n llon
A rhydd gan sadrwydd dyndod. Gwawdiwch fi,
  A ffugiwch na'm cymerech, codwch grach,
Cliciwch â'r neb a fynnoch, byddwch ffri
  Eich ffyrdd, llurguniwch eich diddordeb bach.
Bellach mae 'nhraed yn sicr... Ceisiwn o hyd
  Gael gennych fflam gynhesai 'mywyd, dro,
Ond annheimladrwydd oeddych chwi i gyd
  Er maint a drawswn i... Mi boenais, do,
A drifftio mewn dadrithio—drifftio'n syn
Nes taro fflam ar siawns sy fyth ar gynn!

(1926)

Disgwyl

Disgwyl amdani eto heno'n syn
  Rownd y cynefin dro, ar ben y stryd;
Gwylio'r cynefin gyplau'n cwrdd a mynd
  Drwy'r nos a'r mwrllwch i'r llochesau clyd.
Gwichia dau sein dau dafarn; tery'r cloc;
  A dyna sŵn cynefin gamau mân
Yn nesu'n sicr hyd ataf... Saetha sioc,
  Rhyw oeraidd sioc o siomiant drwyddwy'n lân.
Nid am nad wy'n ei mynnu o lwyr serch,
  Ni laciodd dim o'n clôs bartneriaeth ni,
(Mae 'mreichiau yn dyheu amdanat, ferch,
  Geilw'r hyn ydwyf am yr hyn wyt ti).
Eithr am mai gwael pob sicrwydd—ond o draw,
A ffôl pob disgwyl—ond am ddim ni ddaw.

(1927)

I Gofio Isander

(Y bardd huawdl, yr heliwr dygn, y peiriannydd medrus, a'r vegetarian *argyhoeddedig o Landudno; rhag nas goroesaf).*

Os dyn y farchnad oedd efô, erioed,
   A'i fargen weithiau'n waeth, ac weithiau'n well
Cyson y carodd feirddion o bob oed,
   O Ben y Gogarth hyd ym Mynwy bell.
Am helgwn yr oedd daerach fyth ei awch,—
   Gwiw ganddo'u llef, eu lliw, eu ffroen a'u llin;
Ond bardd a chi—crebachent rhag ei wawch
   Pan fyddai'i lid ar gynn, a llw ei fin.
Buan y chwalai gwên y cwmwl gwg—
   A theimlid tirion naws o'i galon o.
(Trist na wnaeth ympryd na gochelyd drwg
   Y "cigau diawl" i angau fethu'i drol)...
Nefoedd neu uffern! Yn y Farn a'i sŵn
Chwilio y bydd am feirddion ac am gŵn.

Y Dewin

*(Mewn cyngerdd organydd tai pictiwrs yng Ngogledd Cymru,
Gorffennaf 1939)*

Roedd y neuadd dan sec hyd y gornel bellaf
   Er bod haul ar y Gogarth a chwch ar y lli,
Pan godwyd y Dewin disgleirwallt i'n golwg
   Yn dwt wrth ei organ amryddawn ei chri.

Dotiasom ar rempiau a strempiau ei ddwylo—
   A'r organ rhagddynt yn anadlu a byw;
Llef utgorn... chwiban... grŵn gwenyn.. trwst
     trenau...
   Fel y mynnai'r Dewin a lamai i'n clyw.

Cawsom siwgr a wermod operâu'r Eidal,
   Urddas Tannhäuser, *Bolero* Ravel,
Dybryd seiniau Harlem o'r lloriau dawnsio,
   Rymba o Rïo, a walsiau bach del.

Fel y dôi'r gyfeddach beroriaeth i'w therfyn,
   A'r Dewin yn siŵr o dymer yr awr—
Yn sydyn, yn nwydus, mae'n taro medlai
   O folawdau'r Sais i'w ryfelwyr mawr.

Clywsom dabwrdd Drake... dadwrdd Trafalgar,
   A bendithio teyrnwialen Brenhines y Don;
Cyffroes y dyrfa, ac ag unllais aruthr
   Mae'n uno â'r organ yn eirias ei bron.

(Draw ar y Cyfandir gwelid noethi dannedd;
  Cerddai tywyll ddarogan, a holi o hyd
A oedd Rhyddid ar alw ei Grwsadwyr eto?
  Ac ing a dinistr yn dychwel i'r byd?)

Ac yno, yn y neuadd, a'r organ a'r dyrfa
  Yn canu am yr uchaf—gwelais fab, gwelais dad
Yn ymdaith o Gymru yn lifrai'r arfogion,
  A'r lampau'n diffodd o wlad i wlad.

   (1939)

Yr Adwaith

Gwae bennu imi'r hen anochel hynt
  Drwy bant cysgodion diflas canol oed,
A cholli tro'r haerllugrwydd hoenus gynt,
  A dysgu bwrw traul a gwylio troed.
Gwae imi gredu addewidion hael
  Y confensiynau dof a'u bâs fwynhad,—
Delfrydu'r ysbryd i ryw ympryd gwael
  A ffeirio'r sylwedd am y rhinwedd rhad.
Gwae na bai hudlath heddiw a'm trawai i
  Yn ôl i ddyddiau'r diniweidrwydd mawr,
Pan oedd gorawen ym mhob antur ffri,
  A brath newydd-deb ym mhob hwyr a gwawr,
Ac na châi dwys benteulu beth o wanc
Darganfod ac adnabod cynnar llanc.

Y Ddeuoliaeth

Wfft i'r ddeuoliaeth ffôl a blannwyd ynom,
  A ddwg i waith ei adwaith yn ddi-ffael;
Drysa ni rhag parhau i fynnu a fynnom,
  A pheri i hunan-dwyll ein swcro'n hael.
Ni bu addfwynder graslon, dro a thro,
  Yn ddim ond llety i galon galed iawn,
Ac ymlesâd y bore er syndod bro
  Droes yn wasanaeth tanbaid y prynhawn.
Gwelwyd ar bren ffyddlondeb flodau brad,
  Ac o anlladrwydd daeth diweirdeb llwyr,
Ac eto bydd atgofio'r gyntaf stad
  Yn ysfa yn yr ysbryd hyd yr hwyr.
Fel dŵr y pwll y mae'n bucheddau i gyd
Yn lân ac aflan ar yn ail o hyd.

Ar Brynhawn o Haf, 1942

Haul melyn, a lledrith ei des ar y wlad,
Yn saethu areulder at donnau a bad.

Y wennol a'r gwcw yn ôl dros y lli,
A mwyeilch yn taro dyrïau di.

Pob maes dan ei flodau, pob pren dan ei ddail,
A'r ddaear yn wres ac yn gyffro i'w sail.

Oedi rhwng bryniau Llyn Eiddwen ar hynt,
A llus a llugaeron ym mhobman fel cynt.

Dyna dwrw magnelau o benrhyn y de
A haid o awyrblanau yn gwanu'r ne.

Ond beth os yw Rhyfel ar gerdded chwim?
Ni ddryswyd hen bendil y cread ddim.

Cymru

Mi glywais awydd gynnau
  Am godi cefn o'm gwlad,
Sy'n ofni dwyn ei phynnau
  Ac yn difwyno'i stad;
Ysglyfaeth parod twyll fo groch
Sy'n gwario'i da am gibau'r moch.

A ffoi i ynys radlon
  Yng ngloywddŵr Môr y De,
Lle llithiwyd pob afradlon
  Doreth o dân y ne,
Ac uno â'r ddawns mewn celli werdd
A phlwc gitâr yn cynnau cerdd.

Yno, ni cheid cymysgu
  Gwerthoedd mewn cyfrwys iaith,
Na'r lludded o ddad-ddysgu
  Dros gymhlethdodau'r daith;
Hysteria'r slogan fyddai 'mhell
A'r addo gwych ar ddyddiau gwell.

Ac felly gan anwylo
  Y seml dreftadaeth lawn,
Tariwn o gyrraedd dwylo
  Busnes a'i sinistr ddawn;
Ac ni phwrcasai un fawrhad
Yr estron drwy sarhau ei wlad.

Ond—glynu'n glôs yw 'nhynged
  Wrth Gymru, fel y mae,
A dewis, er ei blynged,
  Arddel ei gwarth a'i gwae.
Bydd Cymru byth, waeth beth fo'i rhawd,
Ym mêr fy esgyn i, a'm cnawd.

A chyda'r cwmni bychan
  A'i câr drwy straen a stŵr,
Heb hidio yn nig na dychan
  Cnafaidd nac ynfyd ŵr,—
Galwaf am fynnu o'n cenedl ni
Gymod â'i theg orffennol hi.

Ac os yw'r diwreiddiedig
  A'r uchelgeisiol griw
Yn dal mai dirmygedig
  Yw ple'r cymrodyr gwiw,—
Deued a ddêl, rhaid imi mwy
Sefyll neu syrthio gyda hwy.

Ar Bromenâd
(Ebrill 1942)

Yfory neu'i drannoeth, neu'i dradwy fe dyr yr
    ystorm...
  Ond oni ddaeth Ebrill i'r tir a'i ddigrifwch di-feth?
Diogwn ar seddau'n yr haul, edrychwn, heb weled, i'r
    Bae.
  Allan â'r baco a'r siocled—anghofiwn gwpon a
    threth.

Sonia'r claf o'r parlys o'i gadair a'i lygaid yn llonni
  Am ffrindiau ieuenctid a'r mynych bencawna ym
    Mharis a wnaent;
Gerllaw mae gwraig ryfel ugain a'i goleuwallt newydd
    ei donni
  Yn trafod ffasiynau dillad, ac yn groch gan bowdwr a
    phaent.

Mae'r plantos a'u sŵn ysmala yn rhwyfus ymlid y
    pelau;
  Croesa cath ddu o'n blaen—siriola wynebau pob
    sedd;
A'r bechgyn llwydion a gleision ni chlywant na
    dadwrdd magnelau
  Na grŵn awyrblanau na gwawch un swyddog caled ei
    wedd.

Ar y traeth mae torheulog ddeuoedd, a lliwgar yw'r
    llwybrau i Glarach,
  A'r brithwallt a'r penfoel sy'n gwylio yn ffel ac
    atgofus iawn.
Daw canu o'r llety o'n hôl—hen gerddi amseroedd
    hawddgarach;

A ffynnon yr hufen rhew nid yw eisoes ond chwarter
llawn.
Mae'r Japaneaid yn ymdaith ym Mirma a moroedd y
Dwyrain—
  Ond mae hynny ymhell, ac fe ddelia Roosevelt â'r
gweilch yn ei bryd;
Mae pennod gan Hitler yn Rwsia—rhodder i Stalin
awyrain! —
  A chofier fod bomiau Prydain yn taro'r Almaen o
hyd.

Mae'r mab yn anialwch Cyrene neu ar ffrwydrus
dueddau Iwerydd,
  Neu'n hedeg uwch mosgiau Irâc, ond dwed y
daw'r diwedd cyn hir.
A da fu'r ddisgyblaeth i'r ferch na chafodd na ffrwyn
na cherydd—
  Fe dorrodd y garw bellach—mae hi'n llond ei chroen
yn wir.

Ymhyfrydwn yng nghoch a fioled ymachlud Bae
Ceredigion,
  Mwynhawn ein segura cyntentus a phleserau
bychain ein tre!
Beth bynnag a ddaw, byddwn ni o nifer y
gwaredigion;
  Ac ni bydd rhyfela yma. Ac os bydd, wel, dyna fe.

    *   *   *

Yfory neu'i drannoeth, neu'i dradwy fe dyr yr
ystorm,
  A thros bum cyfandir fe estyn ei chysgod llaes.
Beth ydym? Ai stoiciaid a heria bob dirdra a'n deil?
  Ai crinwellt goraeddfed i'r bladur ar ŵyr yn y maes?

Yn Angladd 'Nhad

Heno y sylweddolais y gyfrinach,—
    Heno, yn sydyn, wedi'r misoedd maith;
Tyner brynhawn o wanwyn oedd, a llinach
    Dyddynnol deublwy'n llond y llwybr llaith.
Rhois f'ysgwydd tan yr elor; syllais, dro,
    Ar ostwng arch a'r rhofio cynt a chynt;
A chefnais heb un pang o'i guddio fo
    Gan gyrchu'r ffordd ac ysgwyd llaw ar hynt.
Nid i ryw annheimladrwydd yr ildiaswn
    O gwrdd ag ymyl gwisg yr Angau'i hun,—
Na, heb fy ngwybod, mi ddarganfuaswn
    Yno, gêl hanner etifeddiaeth dyn.
Presennol yw'r Absennol imi'n awr,
A'r Marw a'r Byw sy'n un gymdeithas fawr.

Troi'r Gornel

Aeth heibio'r noson hunllefus, y palfalu rhwng wybren a llawr,
A'r ffwdan ddi-ddim mewn hen fannau lle teriais i lawer awr.
Darfu'r undonedd lleuadlyd. Torrodd y wawr.

Gwawr gynnar, bersawrus Mehefin a'i hasur a'i haur ar y Bae;
I'r dyfrllyd waed fe ddaeth gwres, bwriodd corff ac ysbryd eu gwae.
...Do, cofiais wyddfid Pen Gelli a'r gwair ar y cae.

Esgynnai twr San Mihangel ar draws y Bae hyd y nen,
A'r adar yn ymryson cymhwyso eu plu ar ei ben.
...A chofiais y torri mawn a'r cywain dros Ben Garn Wen.

Daeth chwythwm o awel i'r ward—awel gyntaf y dydd,
Gan ddeffro atgofion bywiol a gobeithion am a fydd...
A gwyddwn y cawn weled eto Graig y Gwcw a Chwm Gwŷdd.

Mae gogoniant pob gwawr a wybûm, pob haf, pob ecstasi,—
Yn un ag ysblander y bore Mehefin hwnnw uwch y lli.
Agorodd bywyd ei ddorau eilwaith yno i mi.

(1942)

Cwyn Coll

Am gau o'r dydd ei lygad ar ffwdan fawr y byd,
A dyfod lloer i daenu dieithrwch ar y stryd;
Am ddal o'r nos yr anadl â'i phêr agosrwydd, dro,
A mynnu o'i hen leferydd ei osteg yn y fro: —

Am fod y deuoedd heno a'u gweniaith wrth bob dôr
O gynnal oed rodiannus dros fryn neu gyda'r môr,
Ac am dy gyfrif dithau ganwaith ar hwyr fel hyn
Yn un o ffyddlon nifer yr ifanc garu tyn: —

Am fod pob blas mor newydd i eneth ugain oed,
A synnu a digrifo yn hwb i law a throed;
Ac am fod cymaint ganddi i'w wybod eto yn ôl
O ryfedd ddysg yr yrfa mewn troeon doeth a ffôl: —

Am hyn i gyd, O Angau, garw na fedrwn i
Ddiddymu'n awr dy goncwest anwrol arni hi: —
Cans rhoist yng ngwely'r ddaear—pla ar d'amryfus
  waith! —
Einioes ry effro i gysgu am lawer blwyddyn faith.

(1942)

Y Newid

Mae'r tadau garw a'r teidiau,
  Ffyddloniaid teml a ffridd,—
Porthwyr pob angenrheidiau,
  Wrth Fethel dan y pridd;
Ond bellach nid oes gamp na lliw
I'w had yn eu gwareiddiad gwiw,

Mae'r criw cyfoedion diddan
  Yn feddal wŷr y dre;
Pallodd y ffraeth ymddiddan
  (Ac ni bu llenwi eu lle).
Er taro arnynt, ambell waith,
Nid ydym fel o'r blaen ychwaith.

Fe ddarfu am y coelion
  A'r hen arferion gynt,—
Crefft y pentanau moelion,
  A chwedlau hwyl a hynt.
Ac o'u hwyrfrydig gilio hwy
Nid f'henfro i yw honno mwy.

Gyrr anwar sy'n cyflymu
  Tranc ein cynefin fyd;
Daeth datod (wedi'r cwlwm)
  A hwnnw'n gnotiau i gyd.
Mae gwing ansicrwydd ar bob llaw,
Ac ni ŵyr neb pa beth a ddaw.

Pe deuai rhyw gyweithas
  Ddewin i oes mor ffôl,
Ac adfer holl gymdeithas
  Fy mebyd yn ei hôl,—
Gwahanol fyddai popeth, gwn,
Wedi'r aflêr gyfamser hwn.

Ond er ysgytiau profion
  Cyfnewidioldeb dyn,
Angoraf yn f'atgofion,—
  Nid oes ond hwy a lŷn;
Maent imi'n sefydlogrwydd siŵr
A diogelwch uwch y dŵr.

(1942)

Hydref, 1943

I.

Hwyr o Fai yn felyn ar ffenestr y ward,
    A sgwrs gynhesol â hen frawd naill fraich;
Rhyw dawel aros am yfory a'i gyllell,
    A nyrs fach wynebgron feltai'n dwyn fy maich.

II.

Oedi'n unig ar feranda lom
    A haul yr haf yn cochi fy nghnawd,—
A byd yr ysbyty yn gwbwl imi,
    A chwmni'r rhai annwyl ar yr hwyrol rawd.

III.

Mwy nid oes befr gwanwyn na hirdes haf,
    Na gyrr disgwyliadau mawr a mân,—
Dim, ond tristion sïon y dail ar balmant,
    A maith gynefindra cegin a thân.

Mynegai Llinellau Cyntaf

Roedd y neuadd dan sec hyd y gornel bellaf..............96
Aeth heibio'r noson hunllefus, y palfalu rhwng wybren
   a llawr,................ 106
Am gau o'r dydd ei lygad ar ffwdan fawr y byd,..... 107
Ar ei hynt o uchaf trum y bryniau, ...57
Bellach, mae 'nhraed yn sicr. Mi fedraf alw...............93
Ddeilen felen fach ar ben Lôn Teirlon, ...61
Disgwyl amdani eto heno'n syn 94
Do, bûm yn flin, mi wn—yn flin drwy'r dydd,..........78
Eisteddem, dri ohonom, wrth y tân, ...75
Fe ddaeth y gwcw'n ôl i'n tud,—.....................62
Fe'i gwelwyd ar wely yn Nhloty'r Dref, ...63
Fe'm cenhedlwyd yn ddi-feddwl......................65
Ger Llyn Llygad Rheidol, dan y creigiau fry..............64
Glas ydyw'r wybren eto,.................................51
Gwae bennu imi'r hen anochel hynt 98
Gwae bod ieuenctid yn fy nghalon fach, ...56
Haul melyn, a lledrith ei des ar y wlad,.................... 100
Heno y sylweddolais y gyfrinach,—........................ 105
Hwyr o Fai yn felyn ar ffenestr y ward, ... 110
Lle clywir nadau'r dymestl gyda'r nos 52
Mae'r tadau garw a'r teidiau,...................... 108
Mi glywais awydd gynnau.............................. 101
Mi rusiais rhagddo drwy flynyddoedd blin 79
Os dyn y farchnad oedd efô, erioed,............................95
Os nad wyf ond glaslanc eto, ...60
Os un â'r gweryd yw dy dadau ym Môn,....................76
Pan fyddo lleuad Hydref yn y nen 59
Tydi, nad oes a'th genfydd un, a byw—.....................77
Wfft i'r ddeuoliaeth ffôl a blannwyd ynom, ...99
Yfory neu'i drannoeth, neu'i dradwy fe dyrr yr
   ystorm................ 103

Ar gael hefyd o www.melinbapur.cymru:

Selma Merbaum
Cerddi 1939-1941

"Rwyf am fyw...
Rwyf am chwerthin...
ac ymladd a charu a chasáu...
Nid wyf am farw. Na."

Ganed Selma Merbaum yn Czernowitz (heddiw Chernivtsi yn Wcráin) ym 1924. Bu farw o deiffws ym 1942 yng ngwersyll llafur Mikhailowka a reolwyd gan yr SS. Medrai Selma Almaeneg, Iddeweg a Rwmaneg, ond yn Almaeneg ysgrifennodd ei cherddi.

Ar ôl cyhoeddi Blütenlese ('Cynhaeaf Blodau') yn Israel ym 1976, dechreuwyd cymryd diddordeb yn ei cherddi yn yr Almaen, ac fe'i dilynwyd gan gyfieithiadau i Iddeweg, Hebraeg, Saesneg, Iseldireg, Sbaeneg, Wcraineg, ac nawr i'r Gymraeg.

Mae'r cyfieithiad Cymraeg hwn o'r casgliad cyflawn gan Mary Burdett-Jones yn gosod y cerddi yn y drefn y cawsant eu hysgrifennu fel bod modd olrhain datblygiad llais barddonol y bardd.

Ar gael hefyd o www.melinbapur.cymru:

Eben Fardd
Dinistr Jerusalem a Cherddi Eraill

"Llithrig yw'r palmant llathrwyn,
Môr gwaed ar y Marmor gwyn..."

Eben Fardd (Ebenezer Thomas, 1802-1863) oedd un o feirdd Cymraeg mwyaf a phwysicaf ei oes. Gwelir yn ei waith cynnar uchafbwynt clasuriaeth ddisgrifiadol y Gymraeg, ac egino rhamantiaeth.

Daeth ei lwyddiant eisteddfodol cyntaf yn 1824 pan enillodd cadair Eisteddfod Powys yn y Trallwng gyda'i awdl enwog *Dinistr Jerusalem*, ei gerdd fwyaf ac enwocaf, sy'n nodedig am ei disgrifiadau graffig o ryfel a thrais. Daeth llwyddiannau niferus eraill iddo mewn eisteddfodau rhanbarthol dros y degawdau nesaf; roedd hefyd yn emynydd o fri.

"[Roedd] ynddo fwy o anianawd y gwir fardd nag odid neb o feirdd eisteddfodol y bedwaredd ganrif ar bymtheg."
—*Thomas Parry*

"Rwyf, ers ugain mlynedd, yn barnu mai ef oedd y crëwr artistig mwyaf yn y bedwaredd ganrif ar bymtheg, a'i fod yn ddiamau ymhlith pedwar neu bump o feirdd blaenaf y genedl."
—*W. J. Gruffydd*

MELIN BAPUR

Ar gael hefyd o www.melinbapur.cymru:

T. Rowland Hughes
Chwalfa

"Wyddwn i ddim 'i fod o wedi gyrru'i enw i mewn."
Nid oedd ond un ystyr i'r geiriau, a chododd Edward Ifans ei olwg yn reddfol tua'r cerdyn ar y silff-ben-tân.
"Nid oes Bradwr yn y tŷ hwn," meddai'n chwerw wrtho'i hun.

Mae hi'n droad yr ugeinfed ganrif, ac yn chwarel pentref Llechwedd ym mro Chwarelyddol Gogledd Cymru mae'r gweithwyr, yn sgil gwrthdaro hir gyda'r perchnogion wedi penderfynu sefyll allan yn y gobaith y caent gwell tâl ac amodau a gweld diwedd i system nepotistaidd y *Contractors*.

Ond wrth i'r misoedd fynd rhagddynt heb ddim golwg ar ddiwedd i'r streic, fe rwygir y gymuned yn ddarnau fesul teulu wrth i'r Bradwyr troi eu cefnau ar eu cyfeillion a dychwelyd i'r chwarel, ac wrth i eraill adael y fro i chwilio am fywyd gwell yn y Sowth.

Un o nofelau mawr yr iaith Gymraeg, dyma argraffiad newydd hwn o nofel hanesyddol bwerus T. Rowland Hughes sy'n croniclo effaith Streic Fawr Chwarel y Penrhyn ym Methesda o 1900-03.

Gyda rhagymadrodd newydd gan Elin Gwyn.

www.melinbapur.cymru

Dilynwch ni ar:

X (@melinbapur)
Facebook (@melinbapur

www.ingramcontent.com/pod-product-compliance
Lightning Source LLC
Chambersburg PA
CBHW041146110526
44590CB00027B/4145